绿色智慧供应链生态圈破解生鲜农产品问题研究

孙海雷◎著

吉林出版集团股份有限公司
全国百佳图书出版单位

图书在版编目（CIP）数据

绿色智慧供应链生态圈破解生鲜农产品问题研究 / 孙海雷著. -- 长春 : 吉林出版集团股份有限公司, 2021.3

ISBN 978-7-5581-9883-0

Ⅰ. ①绿… Ⅱ. ①孙… Ⅲ. ①农产品 – 冷冻食品 – 供应链管理 – 研究 Ⅳ. ①F252.8

中国版本图书馆CIP数据核字（2021）第054797号

绿色智慧供应链生态圈破解生鲜农产品问题研究

LÜSE ZHIHUI GONGYINGLIAN SHENGTAIQUAN POJIE SHENGXIAN NONGCHANPIN WENTI YANJIU

著　　者：孙海雷
责任编辑：马　刚
装帧设计：清　风
开　　本：710mm × 1000mm 1/16
印　　张：8
字　　数：100千字
版　　次：2022 年 6 月第 1 版
印　　次：2022 年 6 月第 1 次印刷
出　　版：吉林出版集团股份有限公司
发　　行：吉林音像出版社有限责任公司
地　　址：吉林省长春市净月区福祉大路5788号出版大厦A座
电　　话：0431-81629680
印　　刷：三河市嵩川印刷有限公司

ISBN 978-7-5581-9883-0　　　　定　价：38.00 元

前　　言

面对日益严峻的环境危机，人类社会已经达成了走可持续发展之路、建设生态文明的共识。发展绿色智慧供应链生态圈，破解生鲜农产品是实现生态文明建设目标的有效途径。

随着全球环保运动的日益高涨，绿色消费需求越来越旺盛以及绿色贸易壁垒的不断增加，绿色营销成为企业在生态文明时代的必然选择，对绿色营销理论的研究已成为现代营销学理论研究与发展的重要方向。

尽管我国绿色营销呈现出了良好的发展势头，但是由于我国企业接触绿色营销的理论时间不长，传统营销观念和营销手段仍具主导地位，绿色消费需求不够旺盛，营销战略组合效果不佳，所以影响了我国企业绿色营销的进展。本书通过对绿色营销战略的分析探索，既丰富了我国绿色营销理论研究，又可以对企业绿色营销的实践提供借鉴。

前言

目　　录

第1章 绪 论

在生态文明观念的指导下，社会开始形成生态文明意识，而且其对生产消费的作用与影响日益扩大。人们不仅仅只是利用自然、开发自然、索取自然，还要保护自然，与自然同存共荣，树立人与自然和谐共生的观念。强调改善和优化人与自然的关系，建设有序的生态运行机制和良好的自然环境。人们不仅仅追求经济发展和财富增长，把GDP作为发展的唯一评价指标，而且追求经济社会发展和自然环境保护的和谐统一，自然环境保护是经济社会发展的前提，在自然环境保护的基础上实现经济社会的协调发展。改变过去高投入、高消耗、高污染、低效益的“三高一低”粗放型模式，向节能降耗、低碳环保、清洁生产的可持续模式转化。人们开始树立绿色健康、文明节约、适度消费的消费观念，否定过去大量消费、过度消费、奢侈消费的观念。强调不仅仅要满足消费者的物质需求，还要满足消费者的精神需求、生态需求，而这只有通过生态环境的保护与改善才能实现。

生态文明最大的特点是遵循可持续发展原则。1980年，由世界自然保护联盟、联合国环境规划署和世界自然基金会共同发表了《世界自然保护大纲》，第一次提出了“可持续发展”的概念。1987年，世界环境与发展委员会通过了题目为《我们共同的未来》的报告，第一次科学地将可持续发展定义为“既满足当代人需要，又不对后代人满足其需要的能力构成危害的发展”。

中共中央十三五规划明确提出，“坚持可持续发展，坚定走生产发展、生活富裕、生态良好的文明发展道路，加快建设资源节约型、环境友好型社会，形成人与自然和谐发展现代化建设新格局”。而要实现经济和社会的可持续发展，首先要实现企业的可持续发展。因为企业是社会经济运行的微观基础，是社会经济最基本的细胞单位，同时也是造成环境污染问题的最大主体。“三高一低”的粗放式经营模式，是造成能源消耗高、环境污染重的主要原因。这就要求企业必须转变传统的经营模式，树立“两低一高”（低能耗、低污染、高效益）的目标，走可持续发展之路。

企业层面上能否实现可持续发展，直接关系着经济社会可持续发展目标的实现，关系着生态文明建设目标的实现。企业实现可持续发展的有效途径就是绿色营销。只有实行绿色营销，我国企业才能在经济全球化的背景下实现可持续发展。

彼得·德鲁克说过：“任何企业其实只有两项职能，一是营销，二是创新。”这说明了市场营销对企业经营的重要性。市场营销理论始于20世纪初的美国，经过100多年的不断创新和发展，已经形成了较为成熟的理论体系并对发达国家的企业经营实践产生了巨大的促进作用，国外著名企业都积累了丰富的营销实践经验。一份对国内200多家专业公司的调查显示，在回答“最渴望得到哪方面的帮助”的问题时，竟有88.6%的公司首选“有效的营销策略”。可口可乐、百事可乐横扫国内饮料业，宝洁、联合利华一进入中国便跃居日化产品市场占有率前两位，也突出反映了中国企业营销乏术的困境。营销的成功与否，直接关系着企业的生死存亡。然而，传统营销在满足消费者需求、为企业创造利润的同时造成环境污染、资源耗竭，忽视了环境效益、生态效益和社会效益，引起了环境危机。

从国家统计局和环保总局联合开展的绿色GDP研究数据来看，环境污染的不完全经济损失相当于当年GDP的2.1%~7.7%；生态破坏的经济损失相当于当年GDP的5%~13%。据《全国环境统计公报》显示，2011—2015年全国共发生环境污染及破坏事故2597起，平均每天发生一到两起污染事故。据中国绿色国民经济核算研究报告估算，我国2007年因环境污染造成的损失，相当于当年国内生产总值的6%。

环境危机同时也意味着巨大的市场机会。耶鲁大学教授莱维·多尔（Ravi Dhar）指出，绿色营销是企业化危机为商机的战略契机。因此，自20世纪90年代以来，随着可持续发展模式的提出，一种全新的营销模式——绿色营销蓬勃兴起。

绿色营销满足的是顾客的绿色需求。自20世纪70年代以来，全球环境问题越来越受到消费者的关注。随着人们生态意识、环保意识的逐渐增强，全球兴起了绿色消费的浪潮。绿色消费最早源于20世纪80年代，以英国1988年出版的《绿色消费指南》为标志。联合国统计署提供的数据表明：84%的荷兰人、89%的美国人和90%的德国人在购买物品时都会考虑产品的环保标准。据中国社会调查事务所开展的一项有关绿色观念及消费者行为专题调查显示：71.38%的人认为发展环保产业和绿色产品对改善环境大有裨益；52.8%的人乐意购买绿色产品；37.9%的人已经购买过诸如绿色食品、绿色服装、绿色家电、绿色建材在内的绿色产品。1995年世界生鲜农产品规模达到4270亿美元；2000年达到6000亿美元；2010年约12000亿美元。

一方面，巨大的生鲜农产品引起了企业的高度重视，各国企业纷纷推行绿色营销；另一方面，自然环境日益恶化的现实危机也使得各国政府纷纷加强在环保方面的立法，制定了一系列严格的环保政策。正是这种环保意识和健康意识的增强，使得绿色贸易成为当今世界对外贸易的发展趋势。在压力与动力双重力量的共同作用下，营销绿色化已成为企业营销发展的必然趋势，发达国家企业已纷纷把绿色营销提升到战略的高度。哈佛大学教授Nazli Choucri认为，“如果一个企业想要在竞争激烈的全球市场中有效发展，它就不能忽视日益明显的环境信号，继续像过去那样经营。对各个企业来说，接受这一责任并不意味着经济上的损失，因为符合并超过政府和环境组织对某一工业的要求，能使企业减少物料和操作成本，从而增强其竞争力。实际上，良好的环境行为恰似企业发展的马达而不是障碍”。企业的市场竞争，已经越来越成为绿色环保前提下的竞争，所以实行绿色营销，提高企业的绿色竞争力成为企业的必然选择。

企业通常只能拥有两种基本的竞争优势：低成本和产品差异化。而追求成本领先，可能会使企业永远得不到竞争优势，或者会失去已有的竞争优势。绿色营销恰恰可以使企业拥有差异化的竞争优势。绿色产品与传统产品是截然不同的两个市场，面对的顾客不同，消费需求也大不一样。绿色产品拥有的不是成本优势，而是差异化优势。企业通过绿色设计和绿色制造生产绿色产品，通过绿色宣传建立企业的绿色形象，通过绿色营销获得差异化的竞争优势。

绿色营销要求企业在开展生产经营活动的同时，努力消除和减少对自然环境的破坏和影响。具体来讲，企业在选择生产原料时，应符合环境保护标准，确保每一种原料的安全性；在产品设计方面，应借鉴“从摇篮到摇篮”的思维模式，使下游产品能够继续健康地循环利用；创新生产技术和制造工艺，实施清洁生产，采用生命周期工程设计（Life-Cycle Engineering Design，LCED），尽量减少产品使用或产品包装的剩余物，以降低对环境的不利影响；在分销和促销过程中，积极引导消费者在产品消费使用、废弃物处置等方面尽量减少环境污染；在产品售前、售中、售后服务中，注意废弃物回收、节省资源、减少污染。可见，绿色营销的实质就是强调企业在进行市场营销活动时，要实现企业利益、消费者利益、环境利益和社会利益的统一，尽量保持人与自然的和谐，不断改善人类日益脆弱的生存环境。因而绿色营销的实行有助于建设生态文明。绿色营销概念一经提出，立即得到了理论界和企业界的高度认同。

建设生态文明要求遵循可持续发展原则。可持续发展理论也是绿色营销的理论基础。绿色营销以环境保护为前提，兼顾企业效益、消费者效益和环境效益的统一，是可持续发展观念的具体体现。

市场营销理论具有极强的实践应用性。正是在不断创新的营销理论的指导下，许多企业取得了较好的经济效益，积累了丰富的营销实践经验。工业革命使我们积累了巨大物质财富的同时也使我们面临着前所未有的生态环境危机。绿色营销的目的是在化解环境危机的过程中发现市场机会。随着绿色消费需求的日益旺盛，实行绿色营销，开发绿色产品，采用绿色营销组合战略，有利于提高企业核心竞争力。虽然我国企业在绿色营销实践上还面临一定困难，但从全球发展趋势看，绿色营销已经成为企业在生态文明时代生存和发展的有效途径。

在绿色营销观念的指导下，检验企业营销活动成败的基本标准已经不仅仅停留于能否满足顾客需求，还要衡量与企业营销密切相关的环境和资源的保护或改善程度，即企业营销活动的绿色化程度以及消费者和社会对这种绿色行为的认可度。企业应当采取什么样的营销活动，怎样进行这些活动，都必须和节约资源、保护环境紧密联系在一起。通过绿色营销战略研究及实践，既可以实现企业的可持续发展，又可以保护生态环境，有助于生态文明的建设。

具体来说，通过绿色营销的研究，一是提升我国企业的核心竞争力。核心竞争力是指企业能够更快、更好地满足顾客需求的能力，具有竞争对手无法模仿的特性。近年来，随着环境危机的不断加剧，环保主义运动的兴起及不断深入，消费者的绿色消费需求不断扩大，企业营销迎来了前所未有的挑战与机遇。企业通过开展绿色设计、绿色制造、绿色工艺、绿色产品、绿色包装、绿色价格、绿色渠道、绿色促销等绿色营销组合策略，可以使企业提高能源和资源的利用效率，在满足顾客需求的同时不危害周边的生态环境，获得传统营销企业所不具备的差异化竞争优势，大大提升企业的核心竞争力。

二是突破绿色贸易壁垒，使我国企业顺利进军国际市场。2001年12月11日，中国加入WTO，正式成为世贸组织的第143个成员。从此以后，我国企业开始在国际市场的舞台上竞争角逐。绿色贸易壁垒是一个国家或地区以保护环境和消费者健康的名义，制定复杂苛刻的环保制度和标准，对来自他国或地区的产品及服务设置障碍，以保护本国市场的新型非关税壁垒。绿色壁垒的主要表现形式有绿色关税制度、市场准入制度、绿色技术标准制度、绿色环境标志制度等。企业实行绿色营销，通过ISO 14000环境管理体系的认证，获得绿色环境标志的授权使用，树立绿色企业形象，就可以打破国际市场上日益增加的绿色贸易壁垒，真正成为国际供应商。

三是提升企业声誉和品牌价值。据世界品牌实验室统计，2009年，《世界品牌500强》中，有317家企业倡导和实行绿色战略，绿色营销的销售额高达8700亿美元。企业实行绿色营销，就要进行技术创新和管理创新，以开发节能降耗、对环境友好的绿色产品，满足消费者的需求。通过绿色营销的开展，企业可以建立起富有社会责任感的公众形象，使企业品牌价值得到提升。

四是促进政府对绿色营销的倡导与推进。企业绿色营销在很大程度上是由外部推进的，而不是自动自发的行为，其中政府对绿色营销的推广会有很大的促进推动作用。消费者不断扩大的绿色需求使绿色产品受到青睐，绿色营销企业面临着巨大的商机，于是“漂绿”行为在一些传统营销企业产生，借绿色营销之名，行非绿色营销之实。这就要求政府部门加强监管力度，制定科学的绿色产品标准，通过绿色法律、绿色财政、绿色税收、绿色保险等对绿色企业进行资金和政策上的规范、扶持。同时对传统的“三高一低”企业予以相应的限制，促使其向绿色企业转变。

五是积极引导绿色消费，培育社会绿色文化。绿色营销的实现有赖于政府、企业及消费者的参与和互动，一方面绿色消费需求带动了绿色营销的兴起，另一方面绿色企业的创新型绿色产品刺激引导着绿色消费，二者互相影响，互相促进。通过政府、企业和消费者的三方合力，从普及绿色知识、培养忠诚绿色消费者和构建企业绿色文化入手，逐步形成全社会的绿色文化氛围，让厂家和消费者都重视环境的价值，维持、改善和保护生态环境。

总之，面对日益严峻的环境危机，人类社会已经达成了走可持续发展之路、建设生态文明的共识。可持续发展观念指导下的绿色营销是实现生态文明建设目标的有效途径，对绿色营销理论的研究引起了学术界和企业界的广泛重视，绿色营销已成为20世纪90年代以来现代营销学理论研究与发展的重要方向，成为21世纪市场营销的主流。

第2章　生态文明背景下企业实行绿色营销战略的必要性

生态文明以可持续发展为目标，是企业实行绿色营销的目的之一。绿色营销又是生态文明建设的有效方法和手段，通过企业层面上绿色营销的实践来保护和改善生态环境。因而有必要进行绿色营销理论的研究与实践，以提高社会生态文明水平。当前，在我国企业绿色营销的实践中还面临着许多问题和障碍，影响了我国企业绿色营销的进展。

2.1　生态文明与绿色营销的关系

2.1.1　生态文明与绿色营销的统一性

生态文明的内涵在广义上是要达到人与自然、人与人以及人与社会之间的协调与和谐发展，通过保护和改善生态环境，实现资源节约、环境友好、可持续发展的目标。而绿色营销与传统营销最大的区别就是以可持续发展为导向，以环境保护为企业一切生产经营活动的前提，追求经济利益、消费者利益、环境利益和社会利益的统一。由此可以看出，生态文明与绿色营销二者具有统一性，有着极为密切的联系。

1．都以可持续发展作为目标和导向

中共十九大报告中指出：“建设生态文明是中华民族永续发展的千年大计。”从这里我们可以看出，生态文明的建设以可持续发展为目标，目的是实现经济社会的可持续发展。而绿色营销观念同样以可持续发展为导向，以可持续发展为导向是绿色营销与传统营销的本质区别。可持续发展理论是绿色营销的理论基础。企业是经济社会的微观基础，是经济结构组织的最小细胞单位。正是通过绿色营销的实践，我们才能够实现企业的可持续发展，进而实现经济和生态的可持续发展，最终实现人类社会的可持续发展。

2. 都关注生态环境利益，重视保护和改善生态环境

工业文明创造了巨大的物质财富的同时也给人类赖以生存的生态环境造成了极大的破坏，甚至使人类处于生态环境崩溃的边缘。对工业文明的深刻反思使人们意识到需要走可持续发展道路，建设生态文明。生态文明要求经济发展以环境承载力为基础，与人口资源环境相协调，保护生态环境。良好的生态环境是人类文明延续和发展的基础，遭到严重污染和破坏的生态环境无法使人类到达生态文明和可持续发展的彼岸。而绿色营销从产品环境属性的全生命周期分析出发，对产品设计、原材料采购、生产加工制造、包装运输、消费使用、回收再利用的每一个环节都贯彻环境保护的理念，争取对环境的影响无害化或者降到最低，以实现企业利益、消费者利益和环境利益的统一。因而，在经济发展和环境保护的协调上，生态文明和绿色营销具有高度一致的立场和出发点。

2.1.2 生态文明与绿色营销的内在联系

1. 生态文明是绿色营销的目的

绿色营销的核心是按照环保与生态原则来选择和确定营销组合的策略……其最终目的是在化解环境危机的过程中获得商业机会，在实现企业利润和消费者满意的同时，达成人与自然的和谐相处，共存共荣。而生态文明最核心的内容就是人与自然的和谐相处，因此，绿色营销在满足绿色需求、实现企业可持续发展的直接目的的同时也有助于实现人类社会的生态文明，生态文明成为绿色营销的目的。

在营销观念上，绿色营销以可持续发展为导向，以环境保护作为企业的核心价值观，关注和重视生态环境的价值。在经营目标上，绿色营销的目标是在满足顾客绿色需求的基础上保护自然生态环境，提高资源能源利用效率；衡量企业营销绩效的标准，体现着企业经济利益、消费者利益、环境利益和社会利益的多重目标。在生产技术和具体产品上，绿色营销采用以源头预防为主的清洁生产工艺，加工制造的绿色产品符合“减量化（Reduce）、再利用（Reuse）、资源化（Recycle）”的原则，符合特定

的环境保护要求，对自然环境无害或影响极小。在消费需求上，绿色营销满足的是绿色需求，其以“绿色、环保、安全、健康”为特点，以节约消费、适度消费代替过去的过度消费，是一种以“人与自然和睦相处”为基础的可持续消费观念。而节能降耗、保护环境、适度节约消费、重视生态环境的价值、经济社会的可持续发展等都是生态文明的典型特征。因此，生态文明是绿色营销的目的之一。

2. 生态文明为绿色营销的实施提出文明形态的规范要求

企业是生态文明行为的对象。生态文明建设包括三个层次：树立生态文明观念、建立生态文明制度、实践生态文明行为。这三个层次也对应着企业绿色营销的观念、制度和行为，其内涵对绿色营销的实施也提出了相应要求。在观念方面，生态文明要求保护和改善生态环境，实现人与自然的和谐相处，而绿色营销企业就是以环境保护作为核心理念，以可持续发展为导向，把经济发展和环境保护统筹考虑，对应着生态文明的观念层次；在制度方面，国际组织、各个国家和地区为了维护生态环境都纷纷成立了环保机构，制定了刺激绿色生态经济的财税金融政策，颁布实施了丰富多样的环保法规，规范约束着绿色营销企业的生产经营活动，对污染破坏环境的行为予以监督监管；在行为方面，生态文明要求发展循环经济，全面推行清洁生产，采取适度消费，改变过去大量生产、大量消费、大量废弃的行为模式，而绿色营销企业在生产经营活动中就遵循循环经济的原则，实行对环境影响最小化的清洁生产方式，通过引导和满足消费者的绿色需求，实现企业的可持续发展。

3. 企业是生态文明建设的行为主体，绿色营销是生态文明建设的手段与方式

生态文明的行为主体包括政府、企业和公众三大类。企业既是社会产品的提供者、社会物质财富的创造者，也是资源能源的消耗者、生态环境的污染者和破坏者。其中，企业是我国经济的最大主体，也是我国最主要的能源消耗和污染排放行业，工业能耗占全国总能耗的70%以上。因而企业行为，特别是工业企业行为是否符合生态文明的要求，是否采用低投入、低消耗、低排放、高效率的绿色生产方式对我国生态文明建设目标的实现

具有重大影响。

当企业从事经济活动时就必然和生态环境发生关系。企业行为既可以污染破坏环境，也可以保护改善生态环境。绿色营销就是企业从生态环境的污染者向生态环境的保护者转变的有效途径。绿色营销以环境保护为前提，以可持续发展为导向，遵循循环经济的“3R”原则，实行清洁生产方式，把环境意识贯穿到产品生命周期的全过程，使环境污染消除或最小化，是保护和改善生态环境的行为实践者。因而，绿色营销企业通过自身的绿色生产消费行为，通过绿色营销活动的大力开展起着保护生态环境的重要作用。绿色营销是实现生态文明建设目标的有效途径。

4. 绿色营销是生态文明建设成效的市场检验

树立生态文明观念、建立生态文明制度最终是为了实践生态文明行为；反过来，生态文明行为的实践又能检验生态文明观念是否树立、生态文明制度是否科学完善。市场中的微观市场行为可用于检验生态文明建设的成效。通过绿色营销的实施主体——企业在生产经营过程中的实际绿色表现；节能减排的实施效果、资源能源消耗的降低程度；生态环境的变化趋势等都可以对生态文明建设目标进行检验，而最重要和最直接的方式就是对绿色营销企业进行市场检验。有多少企业能够秉承环境保护理念，开展绿色营销。绿色营销企业能否生存发展，绿色产品能否扩大市场份额，提高销售量；能否获取长期的综合效益，实现可持续发展；以及能否促使消费者的消费观念转变，由大量消费、奢侈消费向适度消费、节约消费转化，这些指标都可以检验生态文明的建设成效。

2.2 我国企业实行绿色营销战略面临的问题和障碍

尽管我国绿色营销呈现出了良好的发展势头，但是由于我国企业接触绿色营销的理论时间不长，就大多数企业而言，尚不具备绿色营销意识，传统营销观念和营销策略仍具主导地位；政府在引导和推动绿色营销方面的政策措施有待于进一步加强；绿色消费的观念不够普及，需求不够旺盛；从而影响了我国企业绿色营销的进展，使我国企业在绿色营销的实践中面临很多现实性问题和障碍。

第一，绿色营销理念尚未真正确定。营销理念是企业生产经营的指导思想。企业奉行的理念不同，其看待环境利益与经济利益的关系也截然不同。实行传统营销的企业，以获取利润和股东利益最大化为目标，企业主要考虑自身的经济利益。实行绿色营销，要求企业统筹考虑经济利益、消费者利益和环境利益。企业的一切生产经营活动都以生态环境保护为前提，强调节能降耗，开发利用可再生资源，推行清洁生产方式，防止环境污染。而目前我国大多数企业仍把利润作为生产经营的唯一目标，对眼前利益考虑得多，对环境保护、生态改善等社会长远利益考虑得很少。绿色营销与传统营销相区别的另一个重要标准就是对待消费的态度，绿色营销追求和引导可持续消费模式，以提高消费质量来减少消费数量，而传统营销则是刺激消费、鼓励消费。目前，我国大多数企业在营销中工作的重点仍是刺激或激励消费者更多地消费产品。

第二，绿色需求的深度和广度需要加强。马克思指出："因为消费创造出新的生产的需要，因而创造出生产的观念上的内在动机，后者是生产的前提。消费创造出生产的动力。……没有需要，就没有生产。"市场营销学认为：市场=购买力+购买欲望+人口，生鲜农产品就是由既有绿色产品购买欲望，又有购买能力的消费者组成，三者缺一不可。在我国，许多消费者的绿色需求还处于潜意识状态，没有形成全社会性的绿色消费需求。许多消费者不知道世界环境日是哪一天，不知道酸雨是怎么回事。很多消费者在购物时只关注产品的质量和价格，很少考虑在消费过程中对环境的不良影响，更不用说产品在生产过程中对环境的影响了。我国目前消费者人均收入不高，绿色产品的高成本、高价格往往使普通消费者望而却步，而去选择非绿色产品，因而使绿色营销的企业失去研发的动力。许多企业在进行绿色营销实践时，缺乏对消费者绿色需求的实际调研，因而使绿色营销手段带有一定的盲目性。

第三，绿色企业文化没有普及。企业竞争表面来看是产品、价格和广告促销方面的竞争，但其背后却是不同企业文化之间的较量。绿色企业文化是指企业及其员工在长期的经营实践中逐步形成的、为全体员工所认同和遵循的具有本企业特色的、对企业成长产生重要影响的、对节约资源和保护环境及其与企业成长关系的看法和认识的综合。绿色企业文化以价值观作为基础，在企业价值观中，领导者的观念起着引领和先导的作用。只有领导积极倡导，身体力行，率先垂范，才能逐步形成企业的绿色文化。面对日益严峻的环境污染问题，国家的环保法规将更加完善严格，环保标准将不断修正提高，企业管理者必须未雨绸缪，及早将企业导入绿色营销的经营轨道，增强企业的绿色竞争力。如摩托罗拉公司宣称，争当行业的环境领袖是其核心价值观之一。戴尔承诺要成为全球最环保的科技企业，目前戴尔是唯一一家在全球（包括中国）提供免费电脑回收服务的企业。

第四，缺乏从产品生命周期的环境属性出发的全过程管理，清洁生产方式推广不够。秉承“预防为主”的理念，对产品全生命周期环境属性分析是对过去的“先污染再治理”模式的根本性改变，使产品不是从“摇篮到坟墓”而是从“摇篮到摇篮”。这意味着企业从原材料的采购、产品的设计、技术工艺流程、加工制造、包装运输、消费使用以及废弃物回收处理的全过程都要进行环境分析，使企业生产经营活动对环境的负面影响最小化，资源利用效率最大化。尽管2002年我国颁布了《中华人民共和国清洁生产促进法》（2012年进行了修订），但许多企业粗放型生产运营模式没有从根本上转变，仍然沿用高投入、高消耗、高污染、低收益的“三高一低”模式，不仅浪费能源，还产生大量的工业“三废”，清洁生产还须大力推广。

绿色营销模式要求企业建立权责分明的环境管理体系。环境管理体系的建立可以通过推行ISO 14000环境管理制度、ISO 9001质量管理标准和OHSAS 18001职业卫生与安全管理标准等来实现。企业在贯彻上述认证的过程中，必然要建立健全相关组织机构和制度规范，为企业实施清洁生产提供有效的管理系统和方法。

第五，绿色营销组合战略针对性不强，效果不佳。随着生活水平的提高和环境保护意识的增强，人们的消费观念正在逐渐发生变化，消费者在购物时越来越注重商品对自身健康和环境保护的影响。而我国大多数企业延续传统产品的生产，不注重对生鲜农产品的需求调研，缺乏自主创新能力，对绿色产品研发力度不够，绿色产品的顾客让渡价值不高。在绿色价格上没有体现环境成本的价值（环境成本是企业在生产过程中消耗的各种资源能源以及对环境的破坏成本）。绿色营销要求在企业核算中必须进行绿色成本核算，实行环境成本内部化，从而推动企业节能降耗、保护环境。环境成本内部化是国际通行的做法，而我国大多数企业环境保护观念淡薄，没有接受环境成本概念，有时为了眼前利益而造成环境污染，其结果是环境成本外部化，导致“企业违法污染获利，环境损害大家买单”的局面。在绿色渠道的建设上管理水平较低，缺乏战略意识和差异化策略，容易造成产品在渠道加工运输途中的二次污染与浪费。由于缺乏渠道中间商的支持，废旧产品的回收与循环利用率与发达国家相比差距较大。绿色广告与公关活动等绿色促销措施缺乏针对性，促销方式的组合目标不清晰，不能够刺激消费者的绿色需求欲望，绿色品牌无法强有力地建立起来，最终投放市场的绿色产品的竞争力较弱，绿色营销的差异化竞争优势无法形成。

第六，“漂绿”严重。漂绿（Greenwash）是由“绿色”和“漂白”合成的一个新词。用来说明公司或组织宣传自身对环境保护的付出，但实际上却是反其道而行之。其通常做法是一家公司或企业把可观的金钱或其他资源投在以环保为名的形象广告上，企图为企业或产品打上绿色标志，而不是将资源投入实际的环保行为实践中。近年来，许多企业借绿色营销之名，行非绿色营销之实，为的是给自己树立所谓绿色形象。2007年，武汉地区电视、广播和报纸三类媒体发布的涉嫌违法广告中以绿色、健康、环保和无副作用等概念诉求的广告占65%以上，属于典型的“漂绿”广告。在关于企业 “绿色”营销的模式上，北京商业干部管理学院的庄一敏教授认为，“随着人们对于健康越来越看重，特别是绿色奥运的提出，任何商品只要冠以环保的理念，必然受到消费者的追捧。然而，在一‘绿’就畅的消费趋势利诱下，‘绿色概念’被有些企业偷梁换柱”。

我国绿色营销尚处于初级阶段，许多消费者对绿色产品的认识不够。2003年，中国环境标志产品认证委员会在上海进行了一次大型的“公众绿色消费调查”活动，调查结果显示，仅有25%的消费者表示能分辨绿色产品的真伪，58%的消费者对绿色产品完全分辨不清。长此下去，就会出现经济学中的“劣币驱逐良币”效应，伪绿色产品泛滥，绿色营销的利润不断被侵蚀，真正的绿色产品反倒被驱逐出市场。

总之，生态文明与绿色营销之间具有内在统一性。生态文明为绿色营销的实施提出了目标和规范要求，绿色营销是实现生态文明建设目标的有效途径。当前，我国企业绿色营销的实践面临着很多现实问题和障碍，因而有必要对绿色营销战略进行系统深入的研究，为企业的绿色营销战略实践提供借鉴。

第3章　绿色企业文化

绿色企业文化是企业能否实现可持续发展的关键因素，建设绿色企业文化是企业开展绿色营销的首要任务。一年的企业靠机遇，十年的企业靠管理，百年的企业靠文化。世界上有很多“百年老店”的常青企业，之所以常青，企业文化起着关键作用。

龙玉祥认为，绿色企业文化是指以绿色文化为企业经营的指导思想，目的是实现员工、企业和社会和谐共处的可持续发展。姜光辉认为企业文化传播必须围绕着员工进行。颜弘、刘绍林认为，绿色企业文化应从教育培训、企业绿色行为、管理机构、外部环境四方面入手来构建。前面学者从不同的角度对绿色企业文化的分析都有可取之处，对绿色企业文化的推广起到了一定的作用。本章详细阐述了绿色企业文化的内涵、特征、结构层次，特别是从六个方面提出了绿色企业文化的构建。

3.1　绿色企业文化的内涵

1. 绿色企业文化的定义

1981年7月，美国哈佛大学泰伦斯·狄尔和麦肯锡咨询公司的爱伦·肯尼迪合著出版了《企业文化》一书，标志着企业文化理论的诞生。他们在深入调查研究了近80家公司后，得出了“杰出而成功的公司都有强有力的企业文化”的结论。美国兰德公司和麦肯锡公司在对世界上发展最快的30家公司做过跟踪调查后指出：“世界500强胜出其他公司的根本原因，就在于这些公司善于给他们的企业文化注入活力，并凭借企业文化力而胜出。”曾任全国人大常委会副委员长的成思危教授把企业管理分为三个阶段：经验管理阶段、科学管理阶段、文化管理阶段。

笔者认为，绿色企业文化是指经企业领导倡导和全体员工认同，企业信奉并真正实践的重视保护生态环境的价值观。绿色价值观是绿色企业文化的核心。2010年，由道农研究院和《绿公司》杂志主办的中国绿色公司年会上，绿色公司评选的第一项标准就是有无领先的绿色企业文化，认为这是一切可持续发展的基因与起点，占整个权重值的15%。

2. 绿色企业文化的特征

（1）坚持三重底线原则，重视履行环境责任

1997年，英国学者约翰·埃尔金顿（John Elkington）最先提出“三重底线原则（The Triple Bottom Line）”。他认为一个企业在长期发展中所需要的最重要的因素不是如何实现盈利的最大化，而是始终坚持企业盈利、社会责任、环境责任三者的统一。哈佛大学教授约翰·戴腾（John Deighton）说：“商人是最有智慧的群体之一，精明的企业家一定会把社会责任放在企业战略框架之中。”

2002年，美国DePaul大学的Curtis C. Verschoor和Elizabeth Murphy进行了一项针对企业社会责任与财务业绩的专题研究。他们将杂志《商业伦理》（*Business Ethics*）基于企业对股东、员工、客户、社区、环境、海外投资者、女性与少数民族这七大利益相关者群体提供服务的定量评估评出的100家“最佳企业公民”与“标准普尔（S&P）500强”中其他企业的财务业绩进行比较。比较的标准是基于1年和3年的整体回报率、销售增长率和利润增长率，以及净利润率和股东权益报酬率等共8项统计指标，结果前者的整体财务状况平均得分高于后者10%，说明企业社会责任与企业经营业绩之间存在正相关关系。

本来，环境责任也是企业社会责任的一部分，但由于地球环境状况的日益恶化，地球生态环境的日益脆弱，已经危及人类及许多生物的生存，所以把环境责任单独列出来引起人们的重视。而对于绿色企业来说，对环境因素的重视则是企业文化的最核心内容之一。企业的生产经营活动包括供应采购、生产制造、物流运输、产品消费、废弃物排放回收等，都必须考虑对环境因素的影响。戴尔承诺致力于成为“最绿色IT公司”，为此在包装革新、电子垃圾回收、能源利用等多方面进行了努力和革新，在业内最先采用可回收的竹包装材料。美国《新闻周刊》根据专业机构的数据，评

估企业对环境的影响、策略和声誉，评选出2010年美国500强企业绿色排行榜，戴尔以其出色的环保政策和举措，荣登榜首。

（2）领导积极倡导生态环境保护并得到广大员工认可

绿色营销的动力来自企业最上层。绿色产品的生产成本包括环境成本，因而通常相对价格较高，与传统企业相比在成本的竞争上属于劣势，企业能否坚持住自己的绿色，需要企业领导对绿色营销有坚定信念。同时，企业要利用各种形式宣传企业的社会责任，宣传生态环境保护的重要性，宣传清洁生产、绿色制造、绿色包装和回收的重要性，使环境保护的意识深入每一个员工头脑中，得到全体员工的共识。企业也可以利用ISO 14000环境管理体系的认证工作，对员工进行环境管理知识的培训，通过学习和培训提高员工的环保意识。观念决定行动，有环保意识，绿色环保的政策措施才有可能得到贯彻和执行。

（3）突出创新

传统的经营模式是大量生产、大量消费、大量排放，几乎不考虑或很少考虑企业活动对自然生态环境的影响。而绿色企业实行绿色采购、绿色设计、清洁生产、绿色回收，是对传统工艺和营销流程的完全否定或是极大改进，创新是必不可少的实现途径，也是绿色营销在实践过程中的最大难题。这就需要企业建立鼓励创新甚至是以创新为核心的企业文化，在企业内部构建出产品工艺创新的浓厚氛围，设计制造出对生态环境和人类健康友好的绿色产品，获得独特的差异性核心竞争力。如海尔公司定义自己的企业文化为：海尔企业文化是被全体员工认同的企业领导人创新的价值观。海尔文化的核心是创新，它以观念创新为先导、以战略创新为方向、以组织创新为保障、以技术创新为手段、以市场创新为目标，强调创新在企业发展中的突出作用。

（4）顾客至上，满足顾客的绿色需求

如果说传统营销是有利益地满足需求，那么绿色营销就是有利益地满足绿色需求。有消费才有生产，有需求才有营销，绿色营销满足的就是在环境危机面前顾客日益增长的绿色需求。在这一点上绿色营销和传统营销一样，都必须尊重顾客，把顾客当作上帝。谁能够又快又好地满足顾客需求，谁的产品或服务能使顾客满意，谁就能赢得顾客的购买甚至顾客的忠诚。相对于传统产品来说，绿色产品通常包含环境成本，因而价格较高，要取得较高的正向顾客让渡价值就显得更为困难，需要企业付出更多的努力。联想公司的价值观中就有一条：成就客户，致力于客户的满意和成功。

（5）注意塑造以绿色为标志的企业形象

一家企业如果拥有绿色形象，会提高其信誉和声望，增强人们对企业及其产品的信赖，提高产品销售额和市场占有率。反过来，如果一家企业对应该承担的环境责任漠不关心，公众知晓的结果肯定会对企业有不利影响。2003年，美国一家机构所做的一项互动式调查表明：当美国人了解到一家公司在社会责任方面有消极举动时，高达91%的人会考虑购买另一家公司的产品和服务，85%的人会把这一信息告诉自己的家人和朋友，83%的人会拒绝投资这个企业，80%的人会拒绝去这家企业工作。因而真正实行绿色营销的企业应该努力获得产品的绿色标志，并借机塑造企业的绿色形象，赢得消费者的信任并转为实实在在的销售收入。正如Clownfish可持续咨询公司创始人兼首席执行官黛安娜（Diana Verde Nieto）所言：“绿色环保已经不是蓝海，它是每个企业必须提上议事日程的重要部分。正确应用绿色概念，将令企业业绩登上新台阶 。”

（6）简约醒目，给人印象深刻

企业文化的核心主张一定要简洁明了，朗朗上口，给人留下深刻的印象。“IBM意味着提供最佳服务”“迪士尼使人们过得快活”“海尔真诚到永远”“我们一直在努力（飞利浦）”，都非常简洁，容易记忆，使人过目不忘。而有的企业文化的表达则晦涩难懂，使人不知所云，其影响力难免要大打折扣。

（7）有个性，具备差异化的核心竞争力

优秀的企业文化有很多共性，如顾客至上、支持创新、尊重员工、追求卓越、不离本行（只做自己熟悉的领域）等。但是不同的企业，特别是不同的绿色营销企业在其发展过程中肯定有一些自己独特的个性、思维方式、价值观及成功的经历、经验、产品、技术或者动人的故事等。企业完全可以从中挖掘，提炼出自己企业文化的独到之处，并经过一代代人的沉淀和传播，成为企业的核心价值观。

3.2 绿色企业文化的结构层次

绿色企业文化的层次通常有三种划分方法，第一种是把绿色企业文化划分为两种层次，称之为有形文化与无形文化、硬性文化与软性文化、外显文化与内隐文化、物质文化与精神文化等。第二种是把绿色企业文化划分为四个层次：物质文化、行为文化、制度文化和精神文化。第三种是把绿色企业文化划分为三个层次：精神层、制度层和物质层。本文采用第三种划分方法，如图3-1所示。

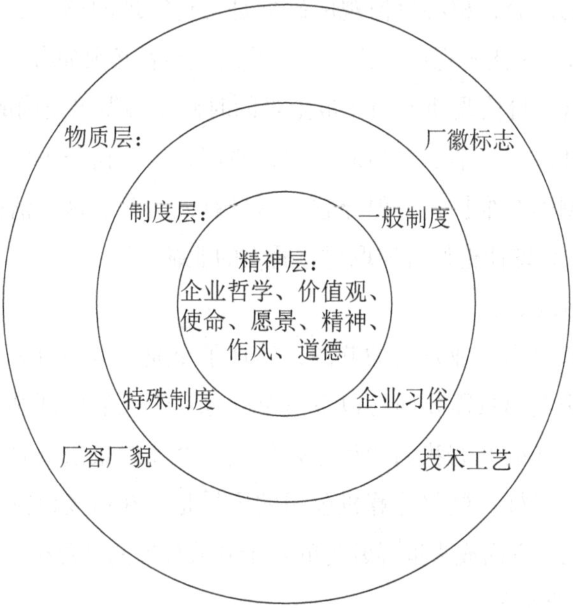

图3-1 企业文化结构示意图

1. 绿色企业精神文化

绿色企业精神文化是以企业精神为核心的价值体系，是企业员工群体意识的集中体现，是一种意识形态上的深层企业文化。

（1）企业哲学

企业哲学的根本问题是企业中人与人、人与物的关系问题。IBM公司前总裁小沃森说过："一个企业的基本哲学对成就所起的作用，是远远超过其技术或经济资源、组织结构、发明创新和时机选择等因素所能起的作用的。"美国学者保罗·霍肯认为，任何企业的发展都必须解决索取什么、生产什么和废弃什么这三个与生态环境密不可分的问题。他认为商业与环境之间从一开始就注定是一个命运共同体。而对于绿色企业来说，则意味着企业的生产经营活动必须考虑对环境的影响，降低环境负荷。

（2）企业价值观

企业价值观是指企业领导和员工的（绿色）价值取向，是企业在追求经营成功过程中所推崇的基本信念和奉行的座右铭。核心价值观是企业文化中最重要的部分，核心价值观的确立是文化管理的第一步。赫尔曼·米勒公司CEO迈克·沃尔克玛曾说："优秀的领导者必须拥有一套不妥协的核心价值观，这些价值观使他们在最困难的时候能够做出正确的决策。"通用公司前总裁杰克·韦尔奇强调："在通用，经营信条手册人手一份……我们无时无刻不在维护它，倡导它。一旦有人违背了这些信条，那么他们必然会被淘汰，即使他们曾经取得过骄人的业绩。"

（3）企业愿景

企业愿景是指企业发展的蓝图，体现了企业永恒的目标追求。彼得·德鲁克认为企业愿景需要回答以下三个问题：①我们要到哪里去？②我们的未来是什么样的？③我们的目标是什么？企业愿景激励着企业不断地奋勇向前，实现目标。戴尔计算机公司的愿景是：在市场份额、股东回报和客户满意度三个方面成为世界领先的基于开放标准的计算机公司。

（4）企业使命

企业使命是企业存在的原因和理由。作为个人，我们要问自己：为什么活着？也就是生活的意义是什么。作为企业，企业使命就是企业存在的意义。托马斯·J.彼得斯和小罗伯特·H.沃特曼在《追求卓越》中说："人们对生活意义的需要非常强烈……要是一个组织能使我们感受到生活的意义，并因而使我们获得安全感，我们便会在很大程度上心甘情愿地把自己托付给这个组织。”彼得·德鲁克基金会主席、著名领导力大师弗兰西斯女士认为，一个强有力的组织必须要靠使命驱动。明确企业的使命，就是要确定企业实现远景目标所承担的责任或义务。富有感召力的崇高使命不仅为企业指明了前进的方向，而且使每一位成员明确了工作的价值和生活的意义，从而激发起巨大的创造力，最大限度地调动员工的主动性和创新活力，保持企业的高速稳定发展。IBM公司的使命是：无论一小步还是一大步，都要带动人类的进步。

（5）企业精神

企业精神是企业员工彼此共鸣的内心态度、思想境界和理想追求，体现着企业的精神风貌和团队风气。海尔的企业精神在三十年间有一个发展变化的过程。从1984年开始的第一个十年，企业精神是“无私奉献追求卓越”，第二个十年，企业精神是“敬业报国追求卓越”，第三个十年，企业精神是“创造资源美誉全球”。

（6）企业作风

企业作风是企业员工在核心价值观的指导下，在工作过程中表现出来的工作态度和行为方式的一贯风格，是企业精神的彰显和外化。海尔的工作作风在前二十年是“迅速反应，马上行动”，第三个十年是“人单合一，速决速胜”。

（7）企业道德

企业道德是指企业在生产经营活动中自觉履行的伦理准则和行为规范的总和，包括内、外两个方面，对内主要是尊重员工，给员工提供实现个人价值的舞台；对外主要是保护生态环境，遵守国家法律，保证股东利益，满足顾客需求，合理开展竞争，实现合作伙伴双赢等。

2. 绿色企业制度文化

企业文化的制度层处于中间层次，企业制度文化是带有强制性的约束企业员工的日常行为规范。张瑞敏说过，“人是生产力中最活跃的因素，制度约束是基本保证，只有实现从无序管理向严格制度管理迈进，并逐渐向自主管理过渡，才能使企业真正走上良性发展的道路。因此，在企业文化建设中，在塑造核心价值观的同时，必须把核心价值理念融入企业制度中，在制度的执行中，强化企业的价值观念，规范企业行为，进而形成良好的企业行为（包含员工行为）规范”。制度文化规定了企业成员在生产经营活动中的应该遵守的行为准则。其主要包括以下几个方面。

（1）一般制度

这是指企业制定的带有普遍意义的工作制度、责任制度和管理制度。这些成文的制度以及不成文的企业惯例，约束着员工的日常行为，使企业各部门能够分工协作、高效运转，顺利完成目标。具体来说包括：考勤制度、财务制度、生产作业制度、技术操作管理制度、劳资人事制度、销售激励奖惩制度、物料采购供应制度、生产设备管理制度、档案管理制度、保密制度、文件管理制度、岗位责任制度等。《海尔企业文化手册》中明确规定了海尔的奖励制度：海尔奖，用于奖励本集团内各个岗位上的员工对企业所做的突出贡献。海尔希望奖，用于奖励企业员工的小发明、小改革及合理化建议。命名工具，凡海尔员工发明、改革的工具，如果明显地提高了劳动生产率，可由所在工厂逐级上报厂职代会研究通过，以发明者或改革者的名字命名，公开表彰宣传。

（2）特殊制度

是指一个企业特有的具有企业个性的能够反映企业管理和文化特色的非程序性制度。企业特殊制度有的能起着独有的对员工激励的作用，鼓励员工为企业作出贡献。特殊制度可能是由于企业发展过程中某一个戏剧性的事件形成的，如惠普公司“金香蕉”奖。也可能是企业领导或员工的一个好的合理化建议的采纳以及年年延续，如海尔的“6S大脚印”制度（6S是指“整理、整顿、清扫、清洁、素养、安全”）。海尔在每个班组工作场地都画有一个“6S大脚印”，全组员工每天班前会都站在此处进行自我评价，由前一天班组中最有成绩的员工进行自我评价。

二十多年来，海尔对中层以上干部实行红黄牌制度，每月都要评出绩效最好和最差的干部，好的挂红牌，差的挂黄牌。班组每天都要评选最好和最差的员工。建立了员工思想动态分析制度、各种形式的恳谈会制度，利用《海尔人》报开辟《心桥工程》栏目，开设职工“电子论坛”，职工有些话不好在公共场合表达，可以通过上述渠道来传递。员工人手一册《排忧解难本》，只要填一张卡或打一个电话，排忧解难小组会随时派人解决困难。

（3）企业习俗

企业习俗是指企业在其长期发展过程中形成的约定俗成的典礼、仪式、节日活动、传统习惯，如歌咏比赛、体育比赛、拓展训练、野外生存训练、公司周年庆等。台湾经营之神台塑原董事长王永庆在其生前就特别重视台塑关系企业运动会，每年拿出新台币400万元左右举行大规模的企业运动会。只要身体许可，他都会参加并亲自下场跑步。通过一年一度的台北大会师，使台塑人的体质明显提高，更重要的是把台塑人牢牢凝结在一起，使其在台塑全身心投入，创造出很高的效率。

3. 绿色企业物质文化

绿色企业物质文化

是企业文化的表层部分，企业物质文化是由企业员工创造的产品和各种物质文化的总和，是企业精神文化和企业制度文化的显现和外化结晶。具体包括如下几项。

企业标志：如企业名称、标志、标准字、企业象征物等。这是企业物质文化的典型体现。

企业厂容厂貌和工作环境：企业外观、建筑风格、工作环境、办公环境、厂区绿化、污染的治理等，这是企业给人的第一印象，同样是企业文化的反映。

生产或服务：生产出的产品是否质量优良，性价比如何，是不是绿色产品，对环境的影响如何，有没有绿色标志，服务是否能让顾客满意等。

技术工艺：是否先进，其单位产品的能耗如何，是否采用清洁生产工艺，配套的机器设备性能如何等。

厂徽、厂旗、厂歌、厂服、象征物：这是企业文化形象化的反映，比较强烈地反映了企业物质文化的特性。

企业培训机构和场所：员工可以在此接受定期或不定期的培训，提高自身素质。如松下公司有松下学院，海尔有海尔大学等。

企业体育文化设施：是否齐全，是否有一年一度的体育文化活动。

企业的荣誉室。

企业的标志性建筑。

企业的文化宣传渠道和宣传品：如企业自己创办的报纸、杂志、有线广播、闭路电视、网站、博客、POP等，如海尔就有自己的网站和报纸《海尔人》，还拍过动画片《海尔兄弟》宣传海尔文化。

3.3 绿色企业文化的构建

日益加剧的环境危机迫使人类转变传统的发展模式，转向可持续发展。自然和社会环境的变化也促使企业发生变化。绿色产品逐渐成为市场的宠儿，受到消费者的青睐，绿色营销在激烈的市场竞争中越来越占据主动地位。而建设绿色企业文化则是企业绿色营销的首要任务，可以说，构建绿色企业文化是企业能否成为绿色企业、绿色营销能否成功的关键。企业绿色文化的构建包括以下几个方面。

1. 领导身体力行，打造绿色企业文化

有什么样的领导，就会有什么样的企业文化。绿色企业文化建设得好坏，关键因素在于企业领导。美国企业文化专家斯坦雷·M.戴维斯在其著作《企业文化的评估与管理》中指出："不论是企业的缔造者本人最先提出主导信念，还是现任总经理被授权重新解释主导信念或提出新的信念，企业领导者总是文化的活水源头。如果领导者是个有作为的人，他就会把充满生机的新观念注入企业文化之中。如果领导者是个平庸之辈，那么企业的主导信念很可能会逐步退化，变得毫无生气。"

企业文化不仅仅是文字理念，抽象平淡的文字只有在企业经营管理的实践中才能够显现出应有的力量。领导的身体力行是对企业文化最好的宣传和倡导。领导重视环境保护，重视绿色发明创新，重视开发绿色产品，重视绿色采购，重视绿色回收，重视提高能源效率，并亲自上阵，以身示范，员工自然会看在眼里，记在心上，继而群起效仿，绿色企业文化的建设才会落到实处。有的企业领导口头上喊着保护环境，企业产品上印着绿色健康的字样，实际上却行非绿色营销之实，严重污染环境，废弃物随意排放。可想而知，绿色文化的口号喊得再响，也发挥不出应有的作用。

2. 鼓励创新

我们正处在一个知识大爆炸的时代，科学技术的日新月异使人眼花缭乱、应接不暇。产品生命周期在缩短，技术的更新在加快，知识的换代在提速。面对飞速发展的企业内外部环境，面对不断更新、更加全面的消费者需求，企业需要不断创新才能够在激烈的市场竞争中占据主动地位，也需要不断创新的企业文化发挥更大的作用。国内外优秀企业的成长历程明确地告诉我们：企业长期的生存与发展必须依靠创新，创新使企业获得独特的核心竞争力，使企业赢得激烈市场竞争的优势。海尔首席执行官张瑞敏把海尔成功的秘诀归结为，第一是创新，第二是创新，第三还是创新。可以说，一切皆可变，唯创新不变。

企业创新体现在很多方面，观念创新、技术创新、管理创新、制度创新、产品创新、服务创新。其中，观念创新是上述所有创新的灵魂。只有依靠观念创新，才能打破传统的因循守旧、求稳厌变的思想，取得突破性的长足发展。"观念的更新与领先决定着企业的命运"，正是在创新思想的引导下，海尔公司不断打破思想上旧有的条条框框，不断提出富有哲理，具有超前思维的、标新立异的新观念。如管理上的"斜坡球体理论"和OEC管理法——"日事日毕，日清日高"；以发明人的名字命名发明成果的激励创新措施；用人观念上的"赛马不相马，人人是人才"和"三工并存，动态转换"机制；"东方亮了再亮西方"和"先有市场，再建工厂"的战略创新；"人单合一"的市场竞争模式；" 国门之内无名牌"的品牌观念；"只有淡季的思想，没有淡季的市场"的市场观念。

正是在创新观念的带领下，海尔实现了科技创新、管理创新和商业模式创新，实现了从产品的设计、制造、运输、消费，到回收再利用整个生产流程的绿色化。在供应端，依据绿色采购基准采购原材料；在生产过程中，以低能耗、低排放为目标生产符合环境要求的绿色产品；在消费端，建立废弃产品的回收再利用体系。全面提升产品完整生命周期的绿色含金量。海尔正是依靠大力提高能源和资源利用率，加快开发绿色产品，重视绿色节能技术的研发和应用，不断提高产品和企业自身的绿色竞争力。

企业要取得创新的成功，关键是要大力建设鼓励创新的企业文化，在企业内部形成浓厚的创新氛围。创新文化的建设可以通过以下措施来进行。首先公司领导大力倡导创新理念，带头更新观念、锐意变革。鼓励创新和冒险，以宽容的心态对待创新的失败。在制度文化上建立鼓励创新的激励机制，通过物质和精神奖励，激发员工的创新意识，极大调动员工创新的主动积极性。打造创新团队，加强团队成员的沟通和合作，用团队的力量赢得创新的成功。重视学习和培训，创建学习型组织，把学习和创新结合起来，多渠道拓宽创新的源泉。

3. 运用CIS构建企业绿色形象

企业形象识别系统（Corporate Identity System，CIS）。CIS最早应用于第一次世界大战前的德国，第二次世界大战后逐渐被美、日等国家企业广泛重视应用。20世纪80年代末，以广东太阳神集团有限公司导入CIS为标志，我国企业开始应用推广。激烈的市场竞争，首先就是企业形象的竞争，良好的企业形象是企业重要的无形资产。利用CIS构建传播企业文化形象是企业营销战略体系的重要组成部分，有利于统一和提升企业形象，给公众留下深刻印象。CIS由三个部分组成：理念识别系统（Mind Identity，MI）；行为识别系统（Behavior Identity，BI）；视觉识别系统（Visual Identity，VI）。

（1）理念识别系统

奥美广告公司的董事长谢利·拉扎勒斯指出："营销的诀窍仅仅在于找到世界承认的核心理念。你找到这一普遍性的理念，然后就把它作为你所做一切的核心。"企业理念是企业文化的经典概括，也是整个企业形象识别系统设计的依据和灵感的源泉。它是在企业长期的经营管理过程中所沉淀下来的宝贵精神财富，是企业对自身发展定位的理性升华。只有深入了解企业的核心理念，才能产生视觉和行为识别的设计思路。企业理念通常简单却寓意深远，发人深思。如三星遵循的理念是以人才和技术为基础，创造出最高品质的产品和服务，为人类社会的发展作出贡献。

（2）行为识别系统

汪中求曾经说过，"企业的核心理念一定要分配到管理模块中，要在现场中看到，在岗位中体现出来，在流程中沉淀，在细节和行为习惯中表现出来”。行为识别具体体现在员工的日常工作和行为习惯中，员工的言行举止反映着企业的核心理念和价值取向。行为文化是企业文化落地的关键，企业文化能否得到执行，关键是看行为文化能否与理念文化对接，能否通过各种行为和活动将理念文化贯彻实施。在理念文化的执行过程中一旦出现偏离，员工的行为导向与企业倡导的理念不符，就需要行为识别系统予以纠正，使之符合企业正确的文化方向。

企业共性的绿色核心理念几乎都是绿色创新，保护环境，促进可持续发展，但在不同行业企业的行为文化中却表现出非常大的差异。成立于1802年的美国杜邦公司已经有200多年的寿命，是名副其实的长寿企业。环境保护理念是杜邦文化的重要组成部分，是杜邦文化的核心理念和道德标准，环保行为也是其承诺履行的企业社会责任。杜邦有一句名言：尽量不在地球上留下脚印，就体现了企业的环保意识。1989年，杜邦宣布了“企业环保主义”的承诺。时任杜邦首席执行官的伍立德先生告诉公众，“我是杜邦的首席环保主义者”。杜邦从首席执行官到各部门主管、员工都实实在在将“企业环保哲学”贯彻到生产经营活动中。从1990年开始设立“环保奖”，鼓励员工为环保做贡献；1990年起，杜邦公司每年向全球发表可持续发展进展报告；20世纪90年代，杜邦公司率先提出“零排放”的目标，将“零废物、零排放”确定为公司在21世纪对社会大众的环境承诺；杜邦尽量改进创新工艺和产品，尽量减少煤炭、石油、天然气、矿产、水等自然资源的消耗，以最少的资源创造最大的价值；2003年，全球生产提高了35%，能源消耗与1990年持平，有害气体排放比1990年减少了76%，温室气体的排放减少了67%，有害废弃物的排放减少了40%。2005年12月，美国《商业周刊》公布了“全球最绿色企业排名”，杜邦排名首位，被誉为“突破成规并发挥极致的行家”。

（3）形象识别系统

企业理念文化具有高度的抽象性和概括性，不管是企业哲学、愿景目标、企业精神还是核心价值观，都是高度归纳概括的结果。VI的作用，就是将企业理念文化中包容的抽象内容，以具象的视觉符号表现出来，是企业全部视觉元素的总和。VI包括：标志、包装、标准色等元素以及这些元素在企业内部建筑、标语、制服、交通工具等载体上的应用。从两者的关系来看，企业理念系统是企业形象识别系统的根基和立足点，企业形象识别系统是企业理念的视觉化表现。通过VI将抽象、晦涩的理念信息转化为简洁生动的视觉符号，以巧妙的构思、动人的色彩、新颖的字母等简洁的元素组合成引人注目的形象，向全体员工和社会公众反复灌输传播，使大家识别接受，提升企业的声望和美誉度，从而达到对企业、企业价值观及其产品或服务产生认同感的目的。

4．突出个性，建造差异化的企业文化

企业文化存在着共性，许多企业的价值观和经营理念有相似之处，但不同企业之间的企业文化还是具有很大的差别的，这源于多方面的原因。行业不同，企业文化也不同。制造业一般都强调产品质量；服务业一般都认同顾客就是上帝，让顾客满意是企业的最大宗旨；IT、手机、网络营销等新兴产业则强调时尚、创新和领先。企业发展的历史传统也影响着企业文化的风格，或激进、或稳健、或保守。企业领导和英雄模范人物的不同性格特点、思维习惯和做事的方式，也会对企业文化的固化产生重要的作用。企业文化所处的地域环境和传统文化习俗对企业文化的形成也有或大或小的作用。所以说，企业文化本身具有很大的差异性，文化的差异又决定了企业个性的差异。对绿色企业来说，个性体现着企业文化的活力，建设具有独特差异性的企业文化是绿色企业的首要任务。

企业通过独特的理念文化、行为文化和形象文化（MI、BI和VI）就可以打造具有差异性的企业文化。在理念上，切忌和其他企业大同小异、形式雷同。比如我们经常在不同的企业看到诸如团结务实、开拓创新、质量第一、顾客至上这样的标语口号，总给人似曾相识，但又具体说不出是哪家企业的文化内容的感觉。杜邦的“尽量不在地球上留下脚印”则给人印象深刻，使人铭记于心，突出了企业对环保的重视。在行为文化上，企业可以采取的个性化活动就更加丰富多彩，如英国最大的零售商——特斯科超市有限公司的一些超市采用风力发电，运货卡车以生物柴油为燃料。在形象识别上，有丰富多彩的符号字母元素可以选择，完全可以不落俗套，设计出独特醒目的企业徽标，并把它应用于产品、标牌、服装、办公用品、包装物、建筑物上。

当前，全球化背景下的多元化文化体系并存，各种文化思想的接触碰撞日益频繁。对企业特别是大型企业来说，员工人数众多，地域、家庭环境、教育背景、风俗习惯、价值观、思维方式等都不一样，具有不同的个性差异，因而企业应该博采众长，兼容并蓄，注重沟通，建设宽容性、包容性的企业文化。

在Google，工作就是生活，其成功的背后是提倡“自由 快乐 创新”的企业文化。Google的办公楼，随处摆放着健身设施、按摩椅、台球桌、帐篷等有趣的东西。整个办公空间采用了不同的色调搭配，明亮鲜活。每名Google的新员工都将得到100美元，用于装饰办公室，员工们可以在自己的办公室中“恣意妄为”。有的员工喜欢赤脚，就用100美元铺了一小块高级木地板，踩着它舒服地工作；有的员工在办公室角落摆了一个古董电话亭（因为Google员工人数膨胀，这个电话亭现在已被放在大厅）。在Google，没有人必须西装革履。每个人可以选择在自己喜欢的“时区”里工作，有的清晨5点就开始忙碌，有的则整晚不睡，白天休息。需要相互交流的时候，大家会把五颜六色的懒人球（一种开会用的座椅，球状）滚到一起，聚首讨论；或者钻进白色的“帐篷”召开小型会议。一个人想清静时，也可以坐到大块积木围起来的小区域里尽情思考。员工可以带自己的宠物上班，“只要它不乱叫，不咬人”。Google的企业文化是鼓励创新。Google允许每位工程师拥有20%的自由支配时间，让他们去做自己认为更重要的事情。这个制度带来的结果就是诞生了Gmail这样颇受好评的邮箱服务；还有实践六度空间理论的人际网络产品Orkut——设计者来自土耳其，Orkut正是其姓氏。Google一词在数学中代表着“无穷大”的概念，数学在Google的企业文化中有着独特地位。Google的办公楼第二大楼称为无理数“e”（2.71828），第三大楼叫作圆周率“π”（3.14159），第四大楼则命名为黄金比例“phi”（1.61803）。

5. 以人为本　员工是绿色企业文化建设的主体

科学发展观的核心是以人为本，就是以最广大人民的根本利益作为一切工作的出发点。以人为本同样是企业文化的本质特征之一。企业就是人的有机联合体，企业身上体现着股东、管理人员、一线员工、上下游合作者、消费者以及其他利益相关者的有机统一。以人为本就是要有平等的理念，尊重每一名员工，充分调动每一名员工的积极性，使员工的技能和创造力成为企业价值的源泉。美国著名管理学家汤姆·彼得斯曾说："企业或事业唯一真正的资源是人，管理就是充分开发人力资源以做好工作。"企业的愿景和目标能否实现，关键在于企业员工能否认同、接受企业价值观并进而激发出创造力和积极性，用心对待自己的工作，不断进行大大小小的技术革新，不断提高工作效率。如何才能得到员工对企业、对工作的全心全意呢？海尔讲究对员工是"三心换一心"：解决疾苦要热心，批评错误要诚心，做思想工作要知心，换来职工对企业的"铁心"。

在海尔，鼓励员工提出合理化建议，《海尔人》每期都有《合理化建议传真专栏》。哪怕是最普通的员工，每年都要给企业提6条合理化建议，不同的车间，不同的工种，不同的工序都要提出相应的针对自己身边事情的合理化建议。2003年，海尔全体员工提出的合理化建议达到3.68万条，企业采纳了2万多条，还对将近1000名职工的建议进行了小规模改革，这些建议为企业带来了实实在在的效益。

6. 知行合一　重在实践

明朝哲学家王守仁（王阳明）说："知是行的主意，行是知的工夫；知是行之始，行是知之成。"认为不仅要知（认识），尤其要行（实践），只有把知和行统一起来，才能称得上"善"。

绿色企业文化的构建需要哲学、理念、价值观、道德规范等思想意识内涵方面的建设，但更需要把上述内容灌输给员工，让员工认同接受，并转化为实实在在的绿色行动。海尔总裁张瑞敏在谈到自己的角色时说："第一是设计师，在企业发展中使组织结构适应企业发展；第二是牧师，不断地布道，使员工接受企业文化，把员工自身价值的体现和企业目标的实现结合起来。"员工对绿色企业文化不接受、不认可，绿色企业文化的执行就是一句空话；员工认同了企业绿色文化，如果不能通过有效的环保行动予以贯彻落实，企业绿色理念和价值观的实现终究只是一句空话。面对我们身边司空见惯的环境污染和环境危机，绝大多数人已经有了环境保护的意识，如何实践成为摆在企业面前的现实问题！

绿色实践需要有组织机构的保障。企业应该成立专门的环境管理机构，统筹计划安排企业的绿色营销活动，如绿色产品认证、绿色标志获取、ISO 14001环境管理贯标等。索尼公司在总公司设有社会环境部，在各地区和事业部设有地球环境委员会。海尔集团有专门的质量保障经营公司，并结合ISO 9001：2000标准及ISO 14001：2004标准制定质量及环境一体化管理手册，负责在质量管理、环境管理及有害物质管理方面行使职权。

企业文化的关键是在执行，绿色实践需要实施行之有效的针对性措施。绿色环保的意识理念只有上升到行为的高度，才能真正产生理想的效果。企业可以通过绿色设计，对产品进行全生命周期的绿色特性分析（LCA），通过对产品的标准化、模块化、可拆卸、可循环利用及节能减排等关键技术的研发，把产品对环境的不良影响降到最小。企业可以进行环保节能绩效考核，出台鼓励绿色创新的激励政策，将绿色环保目标分解落实到员工具体的工作和生活中去，让绿色环保行为成为员工的日常习惯。

3.4　小结

一年的企业靠机遇，十年的企业靠管理，百年的企业靠文化。绿色企业文化是指经企业领导倡导和全体员工认同，企业信奉并真正实践的重视保护生态环境的价值观。是否具有绿色企业文化是企业能否实现可持续发展的关键因素。本章分析了企业文化精神、制度和物质文化三个层次的内容，认为应该从领导、创新、CIS设计、突出个性、以人为本和重在实践六个方面进行企业绿色文化的构建。

第4章 生鲜农产品调研及绿色消费需求分析

绿色营销是为了满足消费者的绿色需求。绿色消费需求的存在是市场营销活动得以开展的前提。因而企业在实际进行绿色营销活动时，首先应该从市场调研入手，根据调研的第一手资料进行营销战略决策。笔者于2015年、2016年在淄博市张店区进行了两次生鲜农产品调研，本章内容就是对真实调研数据的统计分析。

4.1 绿色消费与绿色营销

1. 绿色消费的含义

1994年，联合国环境规划署（UNEP）在《可持续消费的政策因素》报告中对绿色消费进行明确定义："提供服务以及相关产品以满足人类的基本需求，提高生活质量，同时使自然资源和有毒材料的使用量减少，使服务或产品的生命周期中所产生的废物和污染最少，从而不危及后代的需求。"

1987年，英国出版的《绿色消费指南》把绿色消费定义为避免使用以下五大类商品的消费：①危害消费者和他人健康的商品；②在生产、使用和丢弃时，造成大量资源消耗的商品；③因过度包装，超过商品有效期或过短的生命周期而造成不必要消费的商品；④含有对动物残酷剥夺而生产，使用出自稀有动物或自然资源的商品；⑤对其他发展中国家有不利影响的商品。

中国消费者协会认为绿色消费有三层内涵：一是倡导消费有助于公众健康的绿色产品；二是在消费过程中不造成环境污染；三是引导消费

者转变消费观念，向崇尚自然、追求健康方向转变。笔者认为，绿色消费应该具备安全性、适度性、可持续性，应符合绿色、健康、和谐、自然的宗旨。

2. 生态文明时代绿色消费与市场营销的关系

建设生态文明已经成为新时期的发展目标。生态文明的实现需要实现人与自然的和谐，需要树立环境保护意识，尽量降低环境负荷。这就要求改变原来大量生产、大量消费的传统发展模式，建立绿色消费、绿色营销的可持续发展模式。近年来，绿色消费与绿色营销，不仅停留在消费者和企业的层面上，也渗透到了社会经济活动的每一个环节中。绿色消费为绿色营销提供了发展的空间和机会，绿色消费需求为绿色营销企业提供了广阔的目标市场。而营销就是为了满足需求，绿色营销为绿色消费提供了满意的产品和服务，同时随着绿色消费需求的变化及时调整企业的营销策略。另外，在一定程度上，绿色营销可以通过教育、宣传等多种形式去影响消费者的绿色消费行为，二者在相互作用中共同发展，使生鲜农产品的规模越来越大，绿色营销模式越来越受到企业重视。

（1）绿色消费推动绿色营销产生和发展

在生态文明时代，绿色消费日益受到推崇，消费者的绿色消费需求不断增长，为企业提供了新的广阔的细分市场。绿色细分市场具有巨大的潜力，为绿色企业的市场拓展提供了机遇和平台，绿色营销应运而生。绿色营销是伴随全球环保运动浪潮兴起的一种市场营销新观念，是对传统市场营销观念的根本性变革。它将环保理念作为企业的核心价值观，并体现在企业生产经营活动的每一个环节，重视人与环境的协调发展。企业在市场营销的过程中，注重把消费者利益、企业利益、环境利益和社会利益有机结合起来，有利于实现企业的可持续发展。而绿色消费为企业提供了绿色营销实践的平台，绿色消费者是推动绿色营销的原动力，绿色消费行为的存在是绿色细分市场存在的先决条件，并直接影响甚至决定着绿色营销的生存及发展。

（2）绿色消费为绿色营销提供研究视角

长期以来，关于绿色营销的研究，主要是以提高绿色营销绩效为基础，研究如何制定有效的绿色营销策略。目前，对绿色营销的研究存在一些有待解决的疑问。从企业的实践来看，绿色营销活动的效果并不理想，一些绿色营销策略缺乏针对性、可操作性，策略实施后效果不明显。究其原因，主要是对绿色消费研究把握得不够，绿色消费需求调研是深入研究绿色营销的基础，是实施有效营销策略的先决条件。因此，对绿色消费的研究成为绿色营销一个重要的研究视角。绿色消费研究尤其是消费者绿色消费需求研究能帮助企业更好地分析、了解绿色消费市场，使绿色营销策略更具有针对性和有效性。

（3）绿色营销引导和促进绿色消费

对绿色消费需求和消费行为的研究是绿色营销研究的核心内容之一。绿色消费理念的倡导推广，一方面需要国家有关部门和社会组织通过各种媒介，宣传资源的有限性、生态破坏的严重性、绿色消费的价值等，使绿色消费的观念深入人心，从而引导人们使用绿色产品，支持绿色营销。另一方面，企业通过绿色营销活动与消费者交流互动，加大绿色产品的推广和绿色文化的传播力度，鼓励人们购买绿色产品，提倡绿色消费时尚，使绿色消费成为一种受人尊敬的社会行为，逐步引导消费者向绿色消费模式转化，以形成规模有效的绿色需求。

总之，满足顾客绿色需求是绿色营销的宗旨和目的。谁能更好更快地满足顾客需求，谁就能使顾客满意，赢得顾客忠诚，从而在市场竞争中处于有利地位。而要使顾客满意，就必须准确了解和把握消费者的绿色需求，因此对消费者的绿色需求调研分析成为绿色营销活动展开之前必须进行的一个重要环节。我们能够看到的有关绿色消费需求方面的调研资料基本都不是第一手资料，有的时间久远，有的残缺不全。以绿色营销为主题的博士和硕士论文已经非常多了（截至2017年12月31日，中国知网能够查到的关于绿色营销的硕士、博士论文783篇），但很少看到作者亲自进行绿色营销调研。为此，笔者精心设计了绿色消费需求的调研问卷（见本章附录），以山东省淄博市为例，2015年、2016年分年龄对小学生、初中生、高中生、大专生、本科生和成人进行了两次绿色产品、绿色消费需求、绿色价格敏感度、绿色信息来源、绿色产品可信度、绿色环保意识等方面的调研，获得了宝贵的第一手资料。2015年，发放问卷1300份，收回有效问卷1056份；2016年，发放问卷1300份，收回有效问卷1150份。本次调研结果主要以最近的2016年的调研数据为依据，兼顾与2015年调研数据的对比分析。应该说，问卷的数量较多，质量较高，具有一定的说服力。

4.2　我国目前绿色消费的现状

利用SPSS软件完成以上调研数据的统计分析，总结出以下几方面绿色消费的现状。

1. 消费者的绿色消费意识逐渐增强

调查中有61%的消费者表示愿意为支持绿色产品支付更高的价格，还有39%的消费者不愿意支付更高的价格。可见，消费者的绿色消费观念，绿色消费意识还有待进一步提高，但是总的发展趋势是好的。在问卷的第4题中，“你很在意所购买的产品在生产过程中是否环保吗？”82.8%的人选择在意，而仅有17.2%的人选择不在意，人们在消费的过程中更注重环保，消费的盲目性降低。相对于一年之前对同一人群所做的问卷，81.5%选择在意，而18.5%选择不在意来讲，消费者的环保意识有所提高，呈上升趋势。在问卷第9题中，“在消费过程中，你会考虑你的消费可能会对环境造成污染吗？”有70.3%的人选择会考虑可能对环境造成的影响，而29.7%的人选择不会考虑，尽管有一部分人选择了不会考虑，但整体来看，与一年之前的同人群相同问卷调查结果相比（68.4%的消费者选择会考虑，而31.6%选择不会考虑），绿色消费的意识也有所提高。

2. 消费者对绿色产品的认知程度不高，但有所上升

调查中发现有28.9%的消费者认为，他们没有特意选择绿色产品的原因是对绿色产品不太了解，而在第6题中，“你对无公害农产品、绿色食品、有机食品的概念了解吗？”74%的消费者有所了解，而26%的消费者选择不了解，仍然有相当一部分人对绿色产品不了解，这就导致“反绿色消费”在现实中还有一定的市场，但是这一调查结果比一年前的同一问卷，同一人群的调查结果（62.4%的消费者了解和37.6%的消费者不了解）分别上升

了18.6%和下降了30.9%，总体对绿色产品的认知程度呈上升趋势。

3. 绿色产品的可信度不高，存在“漂绿”现象

问卷的第14题：“对于市场上宣称为环保型的家电或电子产品，你对它们的信任程度如何？” 如图4-1所示，有接近一半的消费者对绿色产品的信任程度半信半疑，完全相信的才占3.9%。而对于购买过的绿色产品，10.1%的消费者认为很满意，39%的消费者认为满意，47%的消费者觉得一般，3.6%的消费者不满意，0.3%的消费者很不满意。绿色产品的质量确实还存在一定的缺陷。绿色产品必须是国家环境标志产品认证委员会经过严格审核合格的产品。有的企业在市场上假冒绿色产品，对产品的环保性能夸大或虚假宣传，使消费者对绿色商品失去信任，有的是企业擅自贴上绿色标志，鱼目混珠，使消费者难以辨认，从而扰乱了绿色消费市场，对绿色营销的开展造成了损害。

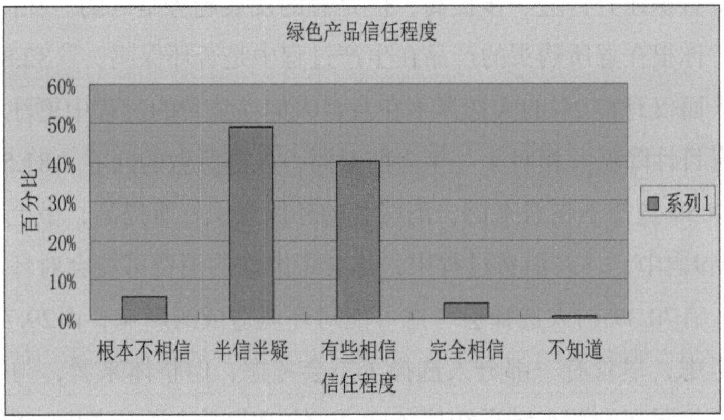

图4-1 绿色产品的信任程度

4.3 绿色消费的需求分析

4.3.1 分析方法选择

由于影响绿色消费需求的同一因素会通过多个指标反映出来，如果只是用多元回归最小二乘法估计分析则很难确认哪些解释变量对被解释变量作用较大，为了消除相应指标相关性对分析结果的影响，本书采用因子分

析法。之所以不直接采用多元线性回归法，一是会受多重共线性的困扰。由于影响绿色消费需求的各因素之间存在一定的相互关系，这样在进行多元回归时将不可避免地产生多重共线性或近似多重共线性问题。如果直接用这些指标建立回归模型，会造成各解释变量的回归系数值不稳定。二是会产生异方差现象。由于绿色消费需求的影响因素对消费者的影响程度大小不一，因此回归模型的随机误差项就有可能会有不尽相同的方差，即难免会出现异方差性。

本书通过对这些变量做主成分因子分析，找出其相互独立的主要因子，用较少量的因子来概括和解释较大量的观测事实，以便提供这些变量影响消费者绿色需求的实证证据。

因子分析是从Charles Spearman 在1904年发表的文章《对智力测验得分进行统计分析》开始的，他提出用这种方法来解决智力测验得分的统计问题。目前因子分析在心理学、社会学、经济学等学科中都取得了成功的应用，是多元统计分析中的典型方法之一。

因子分析是一种降维、简化数据的技术。它通过研究众多变量之间的内部相互依赖关系，寻找观测数据中的基本结构，并用少数几个“抽象”的变量来表示其基本的数据结构。这几个抽象的变量被称作“因子”，能反映原来众多变量的主要信息。原始的变量是可观测的显在变量，而因子一般是不可观测的潜在变量。比如：在研究区域社会经济发展中，描述社会与经济现象的指标很多，过多的指标容易导致分析过程过于复杂。因子分析就是从这些关系错综复杂的社会经济指标中提取少数的几个主要因子，每个因子都能反映相互依赖的社会经济指标间共同的作用，抓住这些主要因素就可以帮助我们对复杂的社会经济发展问题进行深入分析和合理评价。

4.3.2 样本选择和变量设计

本书以绿色消费需求因素为研究对象，从1150份问卷中抽取600份问卷进行研究。样本的选取遵循以下原则：（1）剔除数据异常或者数据不全的问卷；（2）由于小学、初中、高中学生属于未成年人，消费行为受到时间、地点、支付能力等限制，故样本选择按照1：1：1：2：2：3的比例分别从小学组、初中组、高中组、专科组、本科组、成人组中抽取问卷。

目前，已有的对绿色消费需求分析的研究大都停留在定性分析上，没有进行定量实证的研究，本文运用SPSS软件对绿色消费需求进行因子分析。将每个单选题作为一个变量指标，共22个指标。

4.3.3 因子分析

首先对所得指标数据进行标准化，再利用SPSS软件中因子分析功能，得到结果，如表4-1所示。由表4-1可以看出，22个解释变量中有13个变量之间存在不同程度的相关性，这表明各解释变量并不是相互独立的，它们之间存在着信息重叠。由于各解释变量之间存在着信息重叠，要对绿色消费需求做出正确判断很不容易，所以在对绿色消费的影响因素进行分析时，便可以采用主成分分析法对13个解释变量进行浓缩，将原有变量中的信息重叠部分提取和综合成主成分，进而最终实现减少变量个数和减少解释变量自相关因素对分析结果的影响的目的。这也是本文在研究方法上采用主成分因子分析而不是多元线性回归分析的一个主要原因。

表4-2是KMO和巴特利球度检验表，由此表得知检验的sig值为0，小于0.05，通过检验，可以进行主成分分析。

表4-3是特征根与方差贡献率表，由此表可知提取了五个主成分，累积贡献了82.274%的方差贡献率，较好保留了原先变量的大部分信息，所提取的公因子具有较好的代表性。

表4-1 相关系数表

	第4题	第5题	第6题	第7题	第8题	第9题	第11题	第12题	第16题	第17题	第18题	第20题	第21题
第4题	1.000	–0.034	0.036	0.168	0.062	0.250	0.214	0.033	0.128	0.088	–0.058	–0.197	–0.225
第5题	–0.034	1.000	0.022	0.043	–0.080	0.126	0.021	0.197	0.142	–0.236	–0.263	–0.116	0.109
第6题	0.036	0.022	1.000	0.204	–0.109	0.113	0.156	0.165	0.132	–0.098	–0.187	–0.023	0.158
第8题	0.168	0.043	0.204	1.000	0.080	0.109	0.492	0.108	0.080	–0.051	–0.099	–0.092	0.096
第9题	0.062	–0.080	–0.109	0.080	1.000	–0.015	–0.038	0.103	0.078	0.012	0.003	0.022	0.019
第11题	0.250	0.126	0.113	0.109	–0.015	1.000	0.169	0.023	0.184	0.109	–0.085	–0.139	0.166
第12题	0.214	0.021	0.156	0.492	–0.038	0.169	1.000	0.015	–0.070	0.031	–0.078	–0.071	0.098

续表

第14题	0.033	0.197	0.165	0.108	0.103	0.023	0.015	1.000	0.169	−0.080	−0.130	0.044	0.125
第16题	0.128	0.142	0.132	0.080	0.078	0.184	−0.070	0.169	1.000	−0.253	−0.217	0.079	0.154
第17题	0.088	−0.236	−0.098	−0.051	0.012	0.109	0.031	−0.080	−0.253	1.000	0.302	−0.015	−0.070
第18题	−0.058	−0.263	−0.187	−0.099	0.003	−0.085	−0.078	−0.130	−0.217	0.302	1.000	−0.062	−0.095
第20题	−0.197	−0.116	−0.023	−0.092	0.022	−0.139	−0.071	0.044	0.079	−0.015	−0.062	1.000	0.142
第21题	−0.225	0.109	0.158	0.096	0.019	0.166	0.098	0.125	0.154	−0.070	−0.095	0.142	1.000

表4-2　KMO和巴特利球度检验表

KMO and Bartlett's Test		
Kaiser-Meyer-Olkin Measure of Sampling Adequacy		0.579
Bartlett’s Test of Sphericity	Approx. Chi-Square	127.241
	df	78
	Sig	0.000

表4-3　特征根与方差贡献率表

Total Variance Explained									
Component	Initial Eigenvalues			Extraction Sums of Squared Loadings			Rotation Sums of Squared Loadings		
	Total	% of Variance	Cumulative %	Total	% of Variance	Cumulative %	Total	% of Variance	Cumulative %
1	2.175	16.728	26.728	2.175	26.728	26.728	1.796	23.814	23.814
2	1.718	13.216	46.944	1.718	20.216	46.944	1.682	18.938	42.752
3	1.278	9.833	64.777	1.278	17.833	64.777	1.422	12.937	55.689
4	1.174	9.029	73.806	1.174	9.029	73.806	1.338	10.292	65.981
5	1.101	8.468	82.274	1.101	8.468	82.274	1.208	9.294	75.275
6	0.982	5.555	87.829						
7	0.926	5.120	92.949						
8	0.826	3.354	96.303						
9	0.738	1.677	97.98						
10	0.575	1.423	99.403						
11	0.548	0.425	99.828						
12	0.519	0.126	99.954						
13	0.441	0.046	100.000						
Extraction Method：Principal Component Analysis									

表4-4是初始因子载荷矩阵，通过这个系数矩阵可以用各原变量写出主成分表达式，以便了解主成分的含义。但是，由此表可以看出，每个因子在不同的原始变量上的载荷没有明显的差异，为了便于对因子进行命名，需要对因子载荷阵进行旋转，使公共因子在部分变量上的载荷较大，在其他变量上的载荷较小，使同一列上的载荷尽可能地靠近1和0，两极分离。

表4-4 因子载荷阵

Component Matrix					
	Component				
	1	2	3	4	5
第4题	0.258	0.574	-0.448	0.232	-0.036
第5题	0.445	-0.286	-0.337	-0.303	0.098
第6题	0.491	0.022	0.275	-0.182	0.052
第8题	0.535	0.434	0.311	0.006	-0.361
第9题	0.023	0.017	-0.036	0.768	-0.286
第11题	0.415	0.325	-0.145	0.116	0.665
第12题	0.441	0.556	0.355	-0.168	-0.217
第14题	0.411	-0.206	0.017	0.295	-0.068
第16题	0.500	-0.287	-0.235	0.372	0.155
第17题	-0.383	0.489	0.208	0.197	0.390
第18题	-0.556	0.296	0.173	0.118	0.173
第20题	-0.086	-0.420	0.474	0.282	-0.040
第21题	0.364	-0.275	0.538	0.077	0.416

表4-5 旋转后的因子载荷阵

Rotated Component Matrix					
	Component				
	1	2	3	4	5
第4题	-0.032	0.214	-0.461	0.807	0.270
第5题	0.042	-0.052	-0.072	0.902	-0.185
第6题	0.148	0.840	0.219	0.194	-0.109

续表

Rotated Component Matrix					
	Component				
	1	2	3	4	5
第8题	–0.125	–0.016	–0.046	–0.089	0.804
第9题	–0.011	0.105	–0.121	0.854	–0.012
第11题	–0.064	0.827	–0.097	0.057	–0.068
第12题	0.317	0.112	0.159	0.924	0.286
第14题	0.066	0.315	–0.075	–0.016	0.865
第16题	0.853	–0.090	0.074	0.379	0.433
第17题	–0.833	–0.012	–0.039	0.281	–0.046
第18题	–0.865	–0.150	–0.016	–0.029	–0.077
第20题	–0.069	–0.071	0.119	–0.176	0.855
第21题	0.090	0.177	0.895	0.393	0.007

从表4–5可知，原有的13个指标的信息分别集中到五个主成分中去。载荷矩阵中载荷系数越大，表明综合指标对相应的原指标解释能力越强。

在第一个因子中，第16，17，18题上有绝对值较大的载荷系数，这三个题分别是调查消费者是否愿意为支持绿色产品支付更高的价格以及愿意为购买绿色产品额外支付的额度，反映消费者对价格的敏感度，所以称第一因子为“价格敏感度”因子。

在第二个因子中，第6题和第11题有绝对值较大的载荷系数，这两个题分别是调查消费者对绿色产品概念的理解和对非绿色产品的危害的认识程度，反映消费者对绿色产品的认识程度，因此第二因子为“绿色产品认知度”因子。

在第三个因子中，第21题有绝对值较大的载荷系数，这个题是针对消费者获取信息的来源进行调查，所以称第三因子为“信息来源”因子。

在第四个因子中，第4，5，9，12题有绝对值较大的载荷系数，这四道题主要调查：是否在意所购买的产品在生产过程中不环保、人们是否在夸大环境污染问题、是否考虑自己的消费行为会造成环境污染、家中是否装有节能灯等问题，所以称第四因子为“环保意识”因子。

在第五个因子中，第8，14，20题有绝对值较大的载荷系数，这三个问题是调查绿色产品安全性问题，因此，可以称第五因子为“绿色产品可信度”因子。

4.3.4 绿色消费需求的影响因素

根据以上因子分析我们可以直观地看到影响绿色消费需求的因素有五点。

一是价格因素。价格是影响消费者是否购买绿色产品的一个决定性因素之一。绿色产品成本高、价格贵，这就要求消费者具有较高的收入水平，才能有条件追求较高层次的绿色消费。而我国目前人均收入水平仍然不高，有的还处于贫困阶段。在此情况下，要求大部分消费者实行绿色消费存在很大障碍。如问卷中的17题：“假如您要购买一款普通价格为4000元的家电产品，您最多愿意为同档次的环保型产品额外支付多少钱？”超过35%的人能接受的价格是200元，如果该商品定价比普通商品高200元，将有41.7%的消费者放弃购买环保产品。因此价格是决定绿色消费的一个最主要的因素，如图4-2所示。

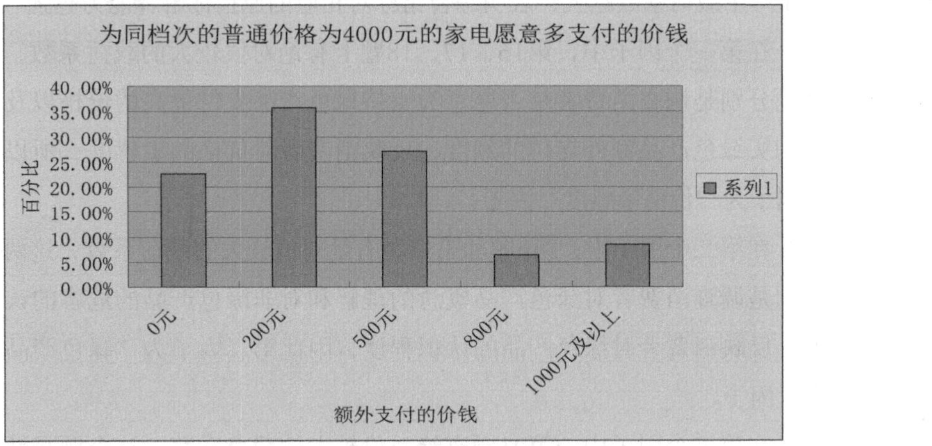

图4-2 价格对绿色消费需求的影响

二是绿色产品的认知度。消费者对绿色产品的认知度直接影响着消费者对绿色产品的需求。在第6题中，“你对无公害农产品、绿色食品、有机食品的概念了解吗？”有26%的调查对象选择不了解，在第23题中，“有时在购物的时候，你没有特意选择绿色产品的最主要原因是什么？”34.1%的对象选择对绿色产品不太了解。都说明消费者对绿色产品的认识不够全面准确，存在一定的模糊性，如图4-3所示。

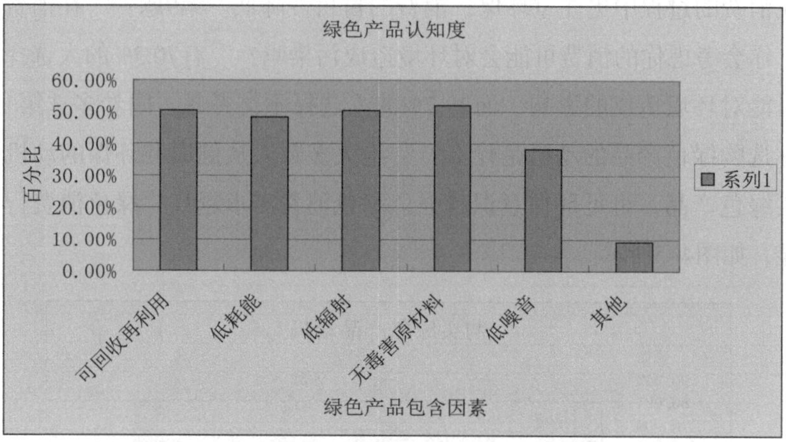

图4-3　绿色产品认知度对绿色消费需求的影响

三是信息来源因素。绿色产品的信息来源也是影响消费者消费行为的一个重要因素，从图4-4（根据问卷多选第3题）可以看到，71.2%的消费者相信国家权威评测机构发布的信息，47.6%的消费者相信行业专家带来的信息，其次是各类广告和亲友推荐。由此可知，信息的可靠程度越高，消费者购买绿色产品的可能性越大，如图4-4所示。

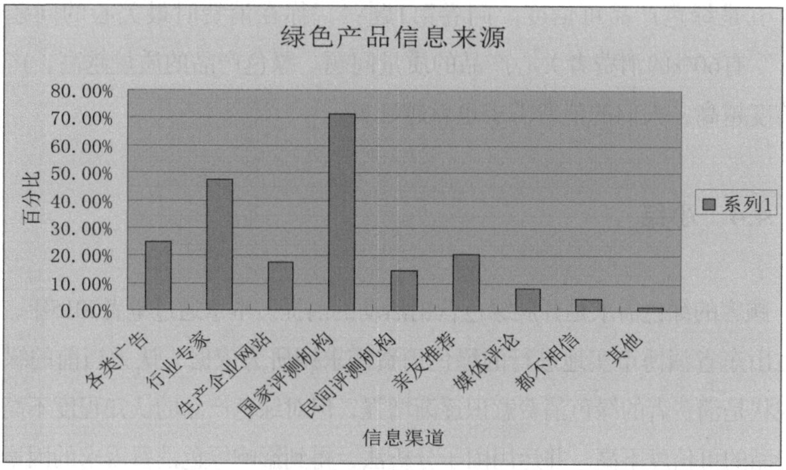

图4-4　信息来源对绿色消费需求的影响

四是环保意识。对问卷的第4题："你很在意所购买的产品在生产过程中是否环保吗？"82.8%的人选择在意，而仅有17.2%的人选择不在意，人们在消费的过程中更注重环保，消费的盲目性降低。第9题："在消费过程中，你会考虑你的消费可能会对环境造成污染吗？"有70.3%的人选择会考虑可能对环境造成的影响，而29.7%的人选择不会考虑。问卷多选第1题："你选购绿色产品的动机是什么？"绝大多数人从健康和环保的动机出发购买绿色产品，可见环保意识越强，绿色消费需求越高，绿色消费行为越明显，如图4–5所示。

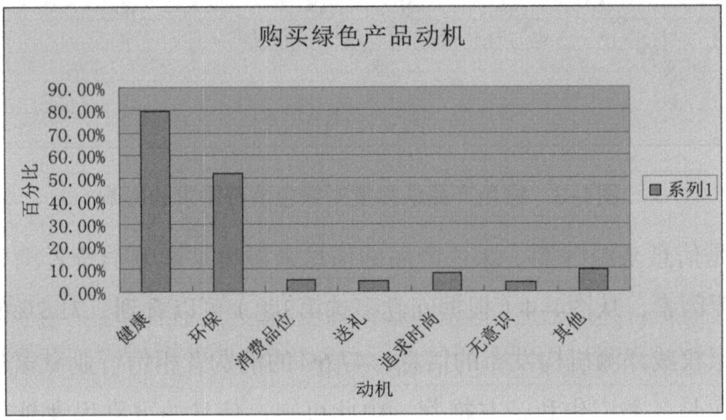

图4–5　环保意识对绿色消费需求的影响

五是绿色产品可信度。问卷第1题："你在消费时最关心的问题是什么？"有60%的消费者关心产品的质量问题。绿色产品的质量越高，产品的可信度越高，人们的消费需求也就越旺盛。

4.4　小结

顾客的绿色需求是开展绿色营销活动的前提。本章通过笔者2015年、2016年在山东省淄博市实地进行的绿色消费需求调研为依据，认为当前的绿色消费现状是消费者的绿色消费意识逐渐增强，但对绿色产品的认知程度不高，绿色产品的可信度不高。并运用因子分析法，得到影响绿色消费需求的因素有价格、绿色产品的认知度、环保意识、信息来源和绿色产品可信度五个方面。

附：

中国绿色产品市场调查问卷

大家好，

我们调研小组正在进行“中国绿色产品市场调研”，您反映的真实情况和宝贵意见是对我们莫大的支持。为此，要占用您一点宝贵的时间，希望能得到您的理解和支持。

一、单选

1. 你在消费时最关心的问题是什么？（　）

A. 价格　B. 质量　C. 服务　D. 环保　E. 方便

2. 产品是否绿色环保对你或家人的购买决策有一定的影响吗？（　）

A. 有　B. 没有

3. 你家购买过绿色产品吗？（　）

A. 买过　B. 没买过

4. 你很在意所购买的产品在生产过程中是否环保吗？（　）

A. 在意　B. 不在意

5. 你认为目前人们总是在夸大环境污染问题吗？（　）

A. 是　B. 不是

6. 你对无公害农产品、绿色食品、有机食品的概念了解吗？（　）

A. 了解　B. 不了解

7. 你是否在意所购买的食品含有不健康物质，如化学残留物等。（　）

A. 在意　B. 不在意

8. 你认为绿色食品比常规食品食用更安全吗？（　）

A. 是　B. 不是

9. 在消费过程中，你会考虑你的消费可能会对环境造成污染吗？（　）

A. 会　B. 不会

10. 你知道化学药品、杀虫剂和化肥的使用是导致耕地污染的重要因素吗？（　　）

A. 知道　　　　　　　　　　　B. 不知道

11. 你家装有节能灯吗？（　　）

A. 全部房间　　B. 绝大部分房间　　C. 少部分房间　　D. 没有

12. 超市实行塑料袋收费制，对此你的做法是（　　）

A. 一两毛钱，还是要塑料袋，方便

B. 自己从家中带塑料袋，将以前的循环使用

C. 使用环保购物袋

D. 其他

13. 对于市场上宣称为环保型的家电或电子产品，你对它们的信任程度如何？（　　）

A. 根本不相信　　　　B. 半信半疑　　　　C. 有些相信

D. 完全相信　　　　　E. 不知道

14. 你认识下面这些认证标志吗？（请参照本题后的选项将相应序号填在每个标志的下面）

（　）　　（　）　　（　）　　（　）

（　）　　（　）　　（　）　　（　）

（　）　　（　）　　（　）　　（　）

A. 中国节能认证　　B. 中国环境标志（III型）

C. 可循环再生　　D. 中国环境标志（II型）

E. 中国环保产品认证　　F. 安全饮品

G. 绿色选择　　H. 绿色食品

I. 绿色建材　　J. 中国能效标识

K. 森林认证　　L. 中国环境标志（I型）

15. 为了支持绿色产品，你愿意支付更高的价格吗？（　）

A. 愿意　　B. 不愿意

16. 假如您要购买一款普通价格为4000元的家电产品，您最多愿意为同档次环保型产品额外支付多少钱？（　）

A. 0元　B. 200元　C. 500元　D. 800元　E. 1000元及以上

17. 假如您要买韭菜，普通韭菜标价2.5元/斤，对绿色有机韭菜您能接受的价格是多少？

A. 3元　B. 5元　C. 10元　D. 30元　E. 50元　F. 80元及以上

18. 对于购买过的绿色产品，您满意吗？（　）

A. 很满意　B. 满意　C. 一般　D. 不满意　E. 很不满意

19. 对不满意的绿色产品，您觉得原因主要是什么？

A. 价格高　　B. 质量达不到预期　　C. 宣传言过其实

D. 绿色性能不真实　　E. 其他

20. 你所在的学校开过环保课或环保讲座吗？（　）

A. 开过环保课　　B. 开过环保讲座

C. 环保课和环保讲座都开过　　D. 都没有

21. 你认为提高人们的绿色消费意识最有效的方法是什么？（　）

A. 媒体加强宣传力度　　B. 加强绿色消费知识的教育
C. 多发明生产绿色产品　　D. 建立健全相关的政策法规
E. 提高企业绿色生产意识　　F. 其他

22. 有时在购物的时候，你没有特意选择绿色产品的最主要原因是什么？（　）

A. 对绿色产品不太了解　　B. 认为绿色产品不可靠
C. 认为没有必要选择绿色产品　　D. 绿色产品价格高

二、多选

1. 你选购绿色产品的动机是（　）

A. 健康　B. 支持环保　C. 消费品位　D. 送礼
E. 追求时尚　F. 无意识者　G. 其他

2. 你认为什么是环保型家电或电子产品？（　）

A. 可回收再利用　B. 低能耗（电、水等）　C. 低辐射
D. 无毒害原材料　E. 低噪音　F. 其他

3. 对市场上宣称为环保型的家电产品，你最相信哪些信息来源？【最多选两项】（　）

A. 各类广告　B. 行业专家　C. 生产企业网站
D. 国家评测机构　E. 民间测评机构　F. 亲友推荐
G. 媒体评论　H. 都不相信　I. 其他

4. 请写出你认为是环保型家电或电子品牌的名称：

A.（　　　）　B.（　　　）　C.（　　　）

三、你的基本情况

1. 你是（　）A. 小学生　B. 初中生　C. 高中生
D. 专科生　E. 本科生　F. 研究生

2. 你的性别（　）A. 男　B. 女

3. 你所在学校________________

4. 你所在班级________________

调查人员：　　调查地点：　　调查时间：

第5章　生鲜农产品细分与目标市场选择和定位

企业从绿色营销的实践出发，在市场调研的基础上首先要考虑选择进入什么产业，满足顾客哪方面的绿色需求。这就需要对生鲜农产品进行细分，从中发现与企业自身资源及发展方向相符的目标市场，进而考虑如何进入，如何对自己的企业或产品进行定位，这就是通常所说的STP战略[市场细分（Market Segmentation）、目标市场选择（Targeting）和市场定位（Positioning）]。STP战略是企业进行绿色营销组合的前提，为企业绿色营销组合方案提供决策依据。

5.1　生鲜农产品细分

5.1.1　生鲜农产品细分简介

1956年，美国市场营销学家温德尔·史密斯（Wendell R.Smith）最先提出了市场细分的概念。“现代营销学之父”菲利浦·科特勒进一步发展和完善了温德尔·史密斯的理论并最终形成了STP理论。笔者认为生鲜农产品细分就是企业通过市场调研，按照一个或若干个特征变量对企业现有或潜在的市场进行划分，进而选择具有共同绿色消费需求的子市场作为企业目标市场的过程。

许海平以某公司的“绿色动力”为例简单介绍了生鲜农产品细分。程丹则对绿色饮料——中国茶饮料市场进行了市场细分，认为应根据不同的消费群体，扩大产品差异化。刘文洋认为，中小企业应进行准确而深度的市场细分，寻找市场空隙产品。上述研究都有相应的学术价值。笔者在这里重点研究了生鲜农产品细分的依据——细分变量。

5.1.2 生鲜农产品的细分变量

通常，消费品市场的传统细分变量包括地理变量、人口统计变量、心理变量和行为变量。而对于绿色消费品市场来说，可以采用传统的细分变量，但更需要根据绿色消费品市场的特点，确定好划分子市场的细分变量，并进行科学的市场细分，从中选择出企业要进入的绿色子市场，集中人、财、物等资源，提供适销对路的绿色产品。对绿色消费品市场细分变量的说明与分析如下。

第一，同一细分变量面对不同的研究对象具有不同的相关性，也就是说，不同的绿色产品市场需要不同的细分变量，才能够得到科学合理的市场细分结果。以产品价格为例，由于绿色产品的溢价性，绿色消费多产生于中高档收入消费者，然而，消费者对不同的绿色产品所接受的溢价程度存在很大的差别。对绿色食品而言，由于其直接影响家庭成员的安全与健康，购买者从自我保护出发，可以接受比普通产品高出2~3倍的溢价，特殊情况下甚至还多，如春节前普通韭菜大约3元/斤，而绿色有机韭菜可以卖到30元/斤，价格超出普通产品10倍，并且供不应求。但对电子产品来说，消费者通常可以接受的绿色产品溢价比例为10%~15%，和有机食品相比有很大的悬殊。

第二，消费感知效力（Perceived Consumer Efectiveness）是目前大量研究得出的与绿色消费呈密切正相关的最有效的细分变量。许多学者对消费感知效力进行了研究，具体有Webster，1975；Antil，1978；Weiner and Doescher，1991；Berger and Corbin，1992；Zinkhan George M，Carlson. Les，1995；Roberts，1995；1999；Michel Laroche，Jasmin Bergeron，Guido Barbaro Forleo，2001；Ken Peattie，2001等。消费感知效力是指消费者所感知的个人的努力有助于解决环境问题的程度，是消费者的一种个体信念。当消费者认为自己的言行对社会环境问题会产生影响时，这种信念会对以环境保护为诉求的绿色产品或绿色消费发生正面的积极的关注。研究结果表明，消费者感知效力与绿色消费行为有显著正相关性。消费者如果感觉自己的言行有助于改善生态环境，则其感知的效力就大，他们就有可能成为绿色消费者；反之，则小。研究发现，消费感知效力比一般环境态度对于绿色消费行为更有预测及解释力，可以解释消费行为方差的30%以上，大大超过了其他人口统计特征和心理细分变量的解释力，是唯一和绿色消费行为相关性最显著的变量。

第三，价值观和态度是影响生鲜农产品细分的重要心理变量。一些研究发现，价值观—态度—行为是适合分析绿色购买行为的理论框架。具体来说，一个消费者对环境问题的某种信念影响着对环保问题的态度，对环保问题的态度又会影响生活方式的选择，而对绿色生活方式持积极态度的人会产生绿色产品购买和绿色消费活动。Roberts在1999年的一项实证研究显示，利他主义是第二个重要的生鲜农产品细分变量，它与绿色消费行为的相关性和重要性仅次于消费感知效力。价值观或者直接影响个体消费者的绿色购买行为，或者通过中间环节——行为态度间接影响个体消费者的购买行为。集体主义和安全这两个价值观对溢价绿色购买意图有着显著的直接影响。价值观通常是行为的远端决定因素，它需要通过邻近的中间变量，如感知行为后果评价、具体态度来影响实际购买行为。环保态度是影响具体绿色购买行为的主要因素，通常对环境友好的态度会导致相应的环境友好行为。环境态度一般分为两类：一般态度（针对环境本身的态度）和具体态度（针对环境具体行为的态度）。一般态度对绿色购买的解释程度相对较弱，具体环境行为态度对绿色购买更具有预测效力。环境态度与实际环境行为之间的一致性也反映了环境行为与个体心理动机或利益追求相一致，当环境行为与个体心理动机或利益追求相背离时，环境态度则不一定转化为积极的环境行为。

第四，尽管很多研究表明，人口统计因素对绿色购买的预测力很弱，不适合或者不能单独用来作为生鲜农产品细分的变量，但在企业的营销实践中，人口统计因素因为其简单直观的易操作性仍然为绝大多数企业采用。现有研究涉及的人口统计变量主要是年龄、性别、婚姻、职业、收入、家庭构成、宗教信仰、文化程度等。以年龄和性别来看，与绿色消费之间是否存在相关性有着截然相反的观点。人口统计变量与绿色购买之间相互关系的现有研究结论相互矛盾，因此有的学者比喻绿色消费行为好像是一个精神分裂症患者（Schizophrenic）。

企业在实际进行生鲜农产品的细分时，基本上仍然以人口统计变量或地理变量作为主要变量，这主要是由于意识、态度等心理变量在企业营销实践中不易操作，而收入、年龄、性别、区域等则具有简便易行的实际可操作性。美国芝加哥大学一项研究成果显示，收入是影响人们绿色消费最重要的因素。一旦月收入达到5000美元以上，消费者就会产生绿色购买行为。专卖有机食品的全食超市，都是选择在富人区开店，先做富人的生意，在最有购买力的人群中积累忠诚用户群。其在加拿大奥克维尔店的面积大约5000平方米，而这个小镇居民以企业家和专业技术人员为主，平均收入在安大略省排名第一，在全加拿大排名第二。又如丹麦的“芙莱莎”（FLEXA）儿童家具，明显是以年龄作为细分市场变量，符合欧洲儿童玩具的检测标准EN71，获得德国的GS认证。产品虽然价格昂贵，但由于健康和环保特性，仍然受到家长欢迎，获得了成功。

从国内市场来看，绿色食品、绿色建材、绿色家居用品等的消费者主要集中于高收入和高知识阶层。从地理因素来看，经济越发达的地区绿色产品市场规模越大也是不争的事实。2016年12月发布的《2016中国绿色发展指数报告——区域比较》报告表明，30个省（区、市）中，绿色发展水平排名前10位的是：北京、上海、浙江、天津、内蒙古、福建、江苏、广东、黑龙江和海南；从区域分布来看，东部城市绿色发展优势依旧明显，总体水平变化不大；西部城市资源环境承载潜力优势进一步凸显，绿色发展水平稳步提高；中部和东北地区城市绿色发展水平相对较低，未来仍有较大提升空间。

第五，并不是所有的细分市场都是有效的。企业通过细分变量进行市场细分后，还要对细分后的子市场进行评估。评估时通常考虑以下因素：可衡量性、可进入性、可营利性、差异性和相对的稳定性。可衡量性是指要明确市场细分的容量，清楚界定细分市场的范围。可进入性是指细分出来的市场应是企业营销活动能够抵达的、能够使产品进入并对顾客施加影响的市场。可营利性是指细分后的子市场有足够的需求量且有一定的成长潜力，保证企业获得长期稳定的利润。差异性是指细分市场消费者需求应具有差异性，便于企业向市场提供差异化、个性化产品。相对稳定性原则是指细分市场在经营周期内要保持相对稳定。

绿色消费品市场的细分变量，如表5-1所示。

表5-1　绿色消费品市场细分变量

细分变量	细分变量特征描述
绿色消费意识	绿色消费者可按照其消费意识的绿色程度划分为“浅绿”“中绿”“深绿”三类。“浅绿”消费者，绿色意识模糊，绿色消费行为大都是无意识或随机的；“中绿”消费者，绿色意识较强，主要选择与自身利益相关的绿色产品，如绿色食品和绿色建材等；“深绿”消费者，对绿色消费认识深刻，消费行为主动积极，能提出新的绿色需求
消费感知效力	消费感知效力是指消费者所感知的个人努力对环境问题的影响程度。当消费者认为自己的言行对环境问题会产生影响时，感知效力就会产生，使消费者积极关注绿色产品。研究结果表明，消费感知效力与绿色消费行为有显著相关性
生活方式	研究发现，受教育水平较高的青年群体有着“让自己生活更美好”的意识，向往品质生活，可能成为绿色消费者的比例较高，而且愿意支付较高一些的价格购买绿色产品
环保知识	研究发现，环境知识和绿色消费之间存在相关性，知识是影响消费者决策过程的重要因素，消费者环境知识越丰富，对环境问题认识得越深刻,就越有可能购买绿色产品
特殊人群	病症患者、儿童、“礼品”群体、高官富豪等，由于其或者经济收入高，或者文化社会地位高，或者对安全和健康的关注高度，或者特殊场合的送礼需求（国内礼品需求市场很大）容易接受绿色产品
人口统计变量	不同收入水平的人对于绿色产品的需求程度是不同的。把我国居民收入按贫困、温饱、小康、富裕、富有5个阶层来划分，绿色消费者主要分布在小康及以上水平。国外学者的研究成果表明，年轻、受过良好教育及政治倾向比较自由的人群比其他人群更关心环境。通常认为女性特别是已婚女性比男性更加关注绿色产品消费。大量的研究支持较年轻的消费者更加具有绿色消费倾向这一观点。一般来说，绿色消费主要分布在发达地区，经济欠发达地区绿色需求弱，经济发达地区绿色需求较强

5.1.3　生鲜农产品细分的方法

传统的市场细分的方法对生鲜农产品仍然有效。如常用的交叉列表法、聚类法等，在这里笔者以绿色食品为例对生鲜农产品细分的方法做一个简单分析。从1990年到2014年，我国绿色食品产业发展迅速，市场规模不断扩大。截至2014年底，全国有效使用绿色食品标志企业8700家，产品21153个，同比增长了13.1%和10.9%；有机中心有效使用有机产品标志企业达到814家，产品3342个，同比增长11.4%和8.5%；创建635个绿色食品标准化生产基地，种植面积1.6亿亩，带动农户2010万个，对接龙头企业2310家，每年直接增加农民收入10亿元以上；绿色食品和有机食品的产品抽检合格率达到99.54%。

对绿色食品市场我们可以按照以下三种方法划分。

1. 单一因素法

根据影响消费者绿色需求的某一个重要因素进行市场细分。如绿色食品按照不同的技术等级标准，可以分为A级和AA级两种。按照消费者的年龄可以分为儿童、中青年和老年三个市场。按照顾客收入可以分为高、中、低三档，对绿色食品来说应以高档收入消费者为主要市场，兼顾中档收入消费者，暂不考虑低档收入消费者。表5-2是按年龄划分的绿色食品市场。

表5-2　单一因素细分市场

子市场Ⅰ	子市场Ⅱ	子市场Ⅲ
儿童	中青年	老年

2. 系列因素法

根据企业经营的特点并按照影响消费者绿色需求的诸多因素，由粗到细地进行市场细分，每下一步的细分，均在上一步选定的子市场中进行。细分过程，其实也就是比较、选择目标市场的过程。这种方法可使目标市场更加明确而具体，有利于企业更好地制定相应的市场营销策略。如某绿色食品企业根据此方法，最终选择为城市高中档收入的中青年提供高中档绿色食品，如图5-1所示。

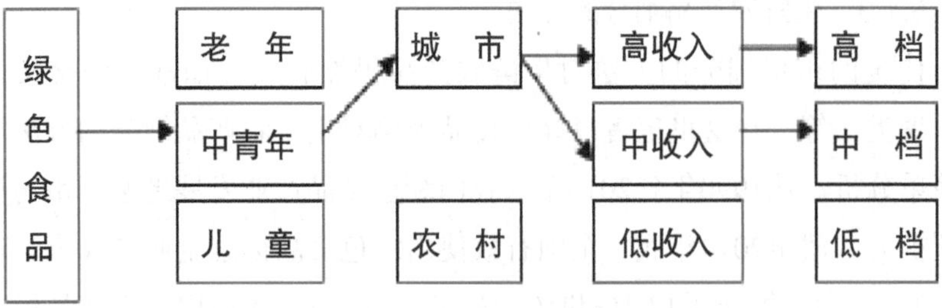

图5-1　系列因素细分市场

3．综合因素法

根据影响消费者绿色需求的两种或两种以上的因素进行市场细分。例如，根据消费者收入、性别和绿色需求意识的强弱，将某绿色食品市场分割成18个子市场，绿色食品企业可以根据自身资源情况和长远发展目标从中选择自己的目标市场（见图5-2）。

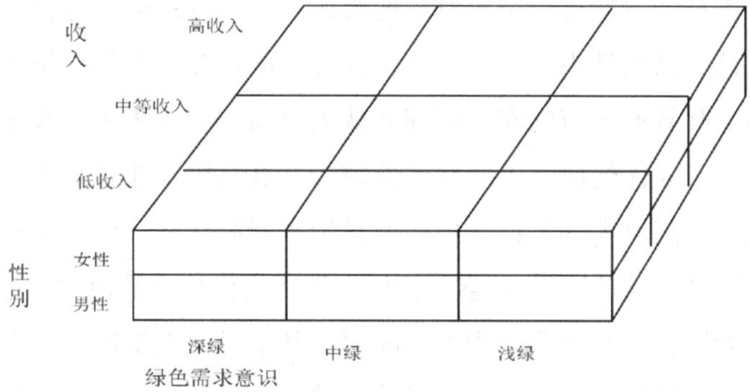

图5-2　综合因素细分市场

5.2　绿色目标市场选择

对绿色企业来说，按照科学的绿色细分变量对生鲜农产品细分之后，接下来要做的就是目标市场选择和定位。对此，不同的行业有不同的要求，因此在实际的绿色营销实践中，企业都是以从事的行业为出发点进行目标市场选择的。如张秀芳以绿色蔬菜为出发点进行了研究；李世群研究了绿色家具企业的目标市场选择及定位；杨丽则以吐鲁番乡村生态旅游为题进行了研究。这里笔者仍然以绿色食品为例，对绿色食品市场的选择及下一步的定位进行分析。

5.2.1　影响绿色食品市场选择的因素

1．企业的资源、能力和长远目标

跨国食品公司实力雄厚，资源充裕，具有领先同行业的先进技术工艺、高素质的研发技术人员和经营管理人员，可以选择范围较大的目标市场或者对绿色技术要求较高的目标市场作为服务对象，为市场提供绿色产品，实行绿色营销组合策略，以实现预期目标。例如，美国的全食超市（Whole Foods Market），自1978年已发展成为全美乃至全球最大的天然食品和有机食品零售商，拥有300家分店，平均每年收益递增13%，年销售额超过100亿美元。

而对于许多中小绿色食品企业来说，因为企业资源有限，人力、物力、财力不足，只能集中手头有限的资源，或者见缝插针选择大企业没有进入的绿色食品利基市场，或者全力开发一两种绿色产品，争取赢得一席之地。如吉林省通化市的农民姜连武认为目前的农业为化学农业，使用化肥、农药，对人体健康有着潜在的威胁。发展有机农业是未来农业发展的趋势，市场空间巨大。姜连武依托磨盘湖水资源优势，个人承包水田，从2000年4月开始，经过反复探索和论证，选用名优品牌稻种为主打品种，不用化肥施粪肥，不洒农药采用人工除草，其生产的大米比普通大米价格高2~3倍，通过口碑宣传，没花一分钱广告费，绿色有机大米供不应求。

2. 产品本身特点

绿色环保、健康安全、节能降耗是所有绿色产品的共性，但对不同的绿色产品，消费者的需求也存在着很大的差异性。即使是同一种绿色产品，其消费障碍在不同的消费者身上也有不同的体现。对绿色食品来说，无污染、无化肥农药残留、无人工添加剂、不使用基因工程技术、纯天然安全是其共同特性，同类产品差别不大，消费者的需求也大体相同。即使如此，由于不同的目标市场对同一种绿色食品的要求不同，因此同一种绿色食品仍然在价格、服务等方面体现出差异性，如同样是某品牌有机大米，有的4元/斤左右，有的8元/斤左右，还有的15元/斤。不同价格的产品针对的目标市场也不同：有的可能针对消费者自己家庭食用，有的则针对礼品市场，有的则针对疾病患者。

3. 消费者和中间商的认同

认知是消费和经营的前提。绿色产品由于其环保创新性，与普通同类商品存在着质的区别。然而如果消费者对此一无所知，不知道绿色产品的存在；或者一知半解，不知道绿色产品能够带给自己的切身利益，这种认知上的障碍肯定会影响消费者的绿色消费行为。调查显示：广州市绝大部分消费者对绿色农产品的具体含义认识不清。其中，63.81%的受访者认为，绿色农产品就是“无公害农产品”；而 41.99%、19.34%、9.94%的人认为，绿色农产品分别是无污染农产品、有机食品、非转基因农产品；还有三人不知道什么是绿色农产品；只有一人认为，绿色农产品包括有机食品、无公害农产品、无污染农产品、非转基因农产品。笔者在对淄博市张店区消费者的调查中发现：2016年28.9%的消费者认为，他们没有特意选择绿色产品的原因是对绿色产品不太了解，而“你对无公害农产品、绿色食品、有机食品的概念了解吗？”有26%的消费者选择不了解；2015年的调查则表明37.6%的消费者不了解。包括许多有机食品专卖店的店员，也说不清楚什么是有机食品，有机食品的来源及具体好处，影响了许多消费者对有机食品和有机生活方式的印象。许多经销商由于对绿色产品缺乏认知，只是注意到了绿色产品比普通产品价格高，从规避风险的角度也不愿意经销绿色产品，给绿色产品的推广带来了难度。

消费者和经销商对于绿色产品不认同，是行业快速增长必须要解决的问题。而要让目标消费者知道绿色产品并认同绿色产品，需要一个耐心的教育过程。绿色产品生产企业首先必须将自己看作教育者，绿色营销必须通过市场教育和有效生动的服务，来体现产品的价值和档次。通过建立与消费者接近的终端实体，建立与消费者沟通和体验的便捷渠道，展开对消费者的绿色教育。上海一家有机食品专卖店，把桌椅安置在店铺内，使顾客在休息的过程中能够耐心接受有关有机食品的信息和知识，让每一个来到店里的顾客都能生动了解到有机生活的利益，并针对不同消费者提供不同的有机解决方案，然后以读书会的形式发展会员，分享有机生活方式的乐趣，不到一年时间便实现盈利，获得了很好的效果。

4. 竞争对手的具体情况

最好的市场是没有竞争对手进入的空白市场。作为企业来说，一方面要密切关注作为衣食父母的顾客，另一方面要密切关注竞争对手。如果一个细分市场有很多的竞争者，就会大大降低细分市场的吸引力。因为激烈的市场竞争使企业必须使出浑身解数以赢得消费者的青睐，这就会带来较高的营销成本，增加企业营销战略实施的难度，降低企业的利润率，加大企业投资的风险。即使是许多实力雄厚的跨国公司也不情愿进行面对面的激烈竞争。所以说，企业特别是中小企业在选择目标市场时，必须运用科学的变量进行市场细分，从中选择被对手遗漏或忽视的目标市场，集中企业的资源满足顾客的需求，从而赢得先入为主的先发优势。

20世纪90年代初期，可口可乐、百事可乐等碳酸饮料在国内称雄，消费者对于价格相对较高的果汁饮品，还没有引起足够的注意，整个果汁市场是一片空白。汇源公司通过市场细分，没有选择竞争对手林立的碳酸饮料市场，而是另辟蹊径，选择果汁市场，集中精力进行果汁饮料新产品开发。总裁朱新礼以贸易补偿的形式引进国际高水平流水线，开始在北京及周边地区销售“汇源”果汁产品。随着人们对健康饮料需求的快速增长，以纯天然为卖点的“汇源”果汁，作为国内第一家大规模进入果汁饮料行业的企业，几乎在没有竞争对手的前提下迅速成长，销售收入、市场占有率、利润率等均在同行业名列前茅，从而成为果汁饮料市场当之无愧的市场领先者，特别是汇源纯果汁、中浓度果汁饮料的全国市场份额一直处于领先地位，浓缩果汁、果浆和部分成品果汁出口五大洲的三十多个国家和地区。公司成立二十余年来，在全国22个省区市创建了五十多个现代化工厂，联结了1000多万亩名特优、标准化水果生产基地，构建了一个遍布全国的果汁产业化经营体系。

5. 是否能为企业带来足够的利润

利润是企业必须追求的目标。没有一定的利润作为支撑，企业的生存和发展都成问题，更不用说绿色研发了。企业进行市场细分，对各个目标子市场进行分析，能否给企业带来足够的利润是吸引企业进入市场的最重要因素之一。目标市场一旦选择失败，对企业的影响将是巨大的。2005年，中国第一个有机食品专卖店Ostore在上海开业，2007年就因为经营不善、股东分歧等原因倒闭。

另外，企业在以利润指标选择目标市场时，除了考虑市场给企业带来的高利润，还要考虑目标市场未来的成长潜力。对绿色食品企业来说就是如此。随着人们对环境问题的日益关注，绿色消费需求也日益旺盛，如果企业营销组合策略正确，在绿色食品的供应、价格、渠道和促销上适销对路，肯定会有一个广阔的前景。

5.2.2　绿色食品市场的进入模式

通过对有关绿色食品市场的细分市场进行评估，企业会选择一个或几个子市场作为自己的目标市场。企业如何进入自己的目标绿色食品市场呢？有以下进入模式可供企业选择，如图5-3所示：图中P_1、P_2、P_3代表不同档次、规格的绿色食品，M_1、M_2、M_3代表不同的绿色食品细分市场。

1．产品—市场集中化

这是一种最简单的目标市场涵盖战略，即绿色食品企业只选取一个子市场（M_1）为目标市场，然后集中人才物资源生产单一绿色食品（P_2）满足其需要，见图5-3a。如宁夏某地枸杞种植企业与某著名中药企业签订长期合同，只为对方供应枸杞。只有不符合对方标准要求的才进入其他渠道。

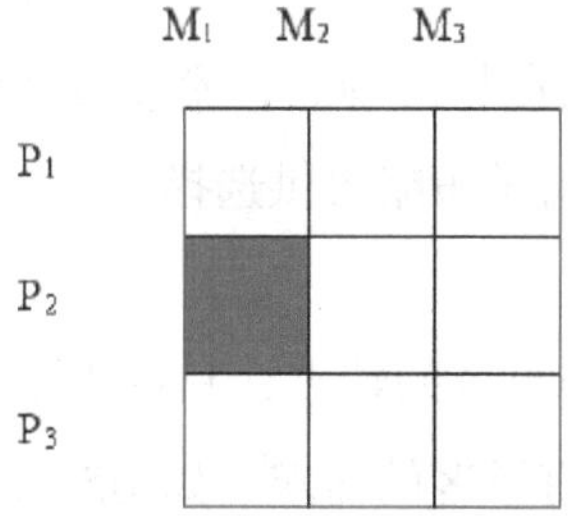

a. 产品-市场集中化

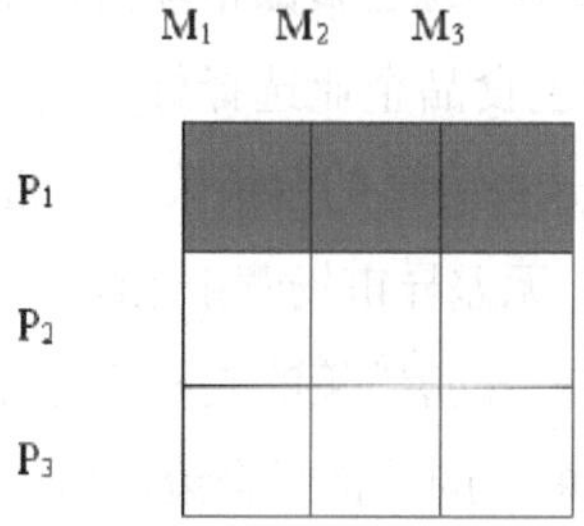

b. 产品专业化

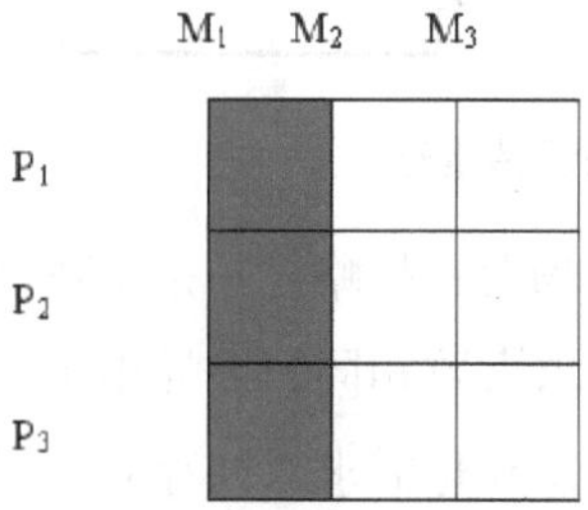

c. 市场专业化

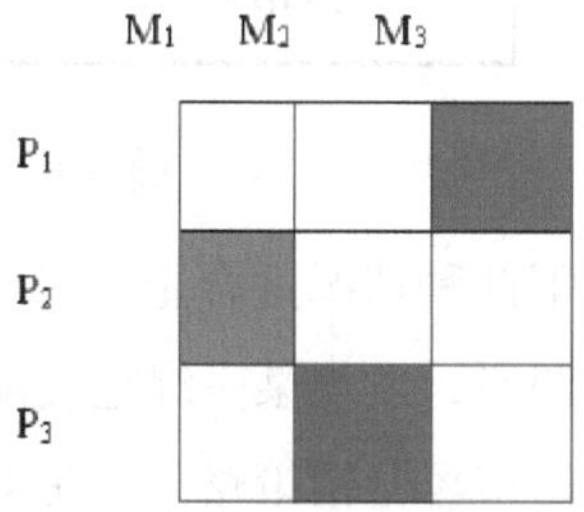

d. 选择性专业化

图5-3　绿色食品目标市场选择的四种模式

2．产品专业化

绿色食品企业集中生产一种绿色食品（P_1）向各类顾客即若干个子市场（M_1，M_2，M_3）出售，见图5-3b。如某有机大米生产企业同时向家庭、单位食堂、宾馆酒店、节日礼品需求单位供应有机大米。但是并不供应其他的产品。

3. 市场专业化

绿色食品企业面向某一子市场（M_1），以多种绿色食品（P_1，P_2，P_3）满足其需要，见图5–3c。如某蜂蜜生产加工企业，以槐花、枣花、荆花等多种产品供应大、中、小型各类超市。

4. 选择专业化

即绿色食品企业选择若干个子市场（M_3，M_1，M_2）为目标市场，并分别以不同的绿色食品（P_1，P_2，P_3）满足其需要。每个细分市场在客观上都有吸引力，并且符合公司的目标和资源，见图5–3d。如乐活城、海客乐等许多有机食品连锁超市。

5.2.3 绿色食品市场营销策略选择

绿色食品企业选择好了要进入的绿色食品市场后，紧接着就应该为目标市场选择合适的营销策略。通常有三种营销策略可供选择：

1. 无差异市场营销策略

无差异营销策略是指企业不考虑各子市场的特点，只推出单一绿色食品，用单一的营销组合策略尽可能满足所有顾客的需求。如图5–4所示。

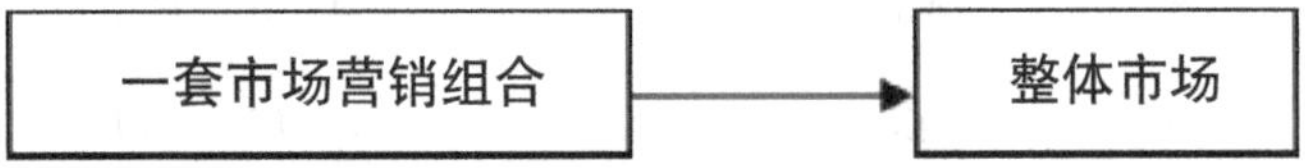

图5–4 无差异市场营销策略

以下两种情况适合企业采用无差异市场营销战略。一是企业经过认真的市场调研，发现某一绿色食品的市场需求大致相同，差异很小，可以采取相同的市场营销策略。二是对消费者的差异化需求求同存异，强调需求的共性，漠视需求差异。于是，绿色食品企业为整体市场生产单一绿色食品，实行无差异营销战略。

采用无差异市场营销策略的最大优点是成本的经济性。单一绿色食品的生产销售，可以赢得规模优势，大大降低生产与储运成本；统一的广告宣传和促销活动可以节省费用；不用市场细分，可以减少企业在市场调研、产品开发、制订各种营销组合方案等方面的营销投入。适合需求广泛、市场同质性高且能大量生产、大量销售的产品。

很多实力薄弱的小企业，受自身条件的限制，无力研发新产品，只能提供单一绿色食品满足有限的目标子市场的需求，利用单一绿色食品生产销售投入低、成本低的优势，为自己赢得一席之地。而对于目光远大、实力雄厚的大公司来说，实行无差异营销策略则具有很大的弊端。毕竟消费者需求千差万别并不断变化，成功的企业必须不断调整自己的绿色食品及策略以满足顾客的需求。否则，当竞争对手面对不同细分市场提供更有针对性的绿色食品和服务时，采用无差异策略的绿色食品企业会发现自己的市场份额不断遭到蚕食。

2. 差异性市场营销策略

差异性市场营销策略是将整体绿色食品市场划分为若干子市场，针对每一子市场的需求差异制订一套独立的营销组合方案，如图5-5所示。如国内某有机食品市场，由于产品同质化严重，导致竞争日益激烈。企业采用差异化营销策略，通过精确的市场调研，掌握顾客的深层次需求，从区域优势、安全健康、营养搭配、口味特色、功能细化等方面入手，挖掘产品的独特个性，从绿色营销的各个环节整合产品的差异性，避开价格竞争和广告宣传，以特色取胜。

差异性营销策略针对不同细分食品市场提供不同的绿色食品，实施不同的营销策略，满足不同的消费需求。有利于培养顾客品牌忠诚度，增加绿色食品的总销售额，扩大企业整体市场占有率；一定程度上也可以分散经营风险。但采用差异性营销策略由于绿色食品品种多，增加了生产和营销成本，容易分散企业资源，使企业的资源配置不能有效集中，顾此失彼，降低投资报酬率。

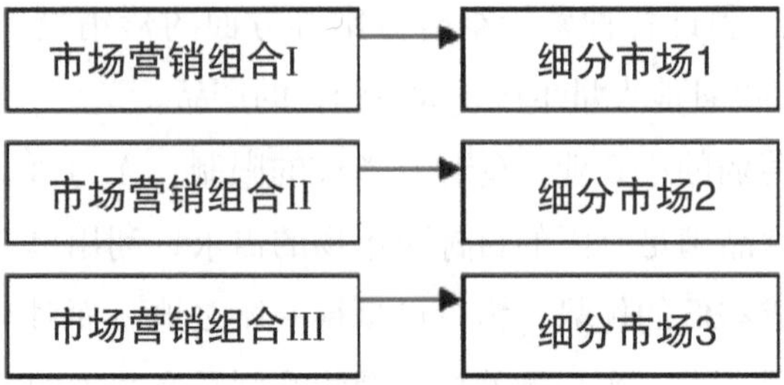

图5-5 差异性市场营销策略

3. 集中性市场营销策略（也称密集性市场营销策略）

集中性营销策略是指绿色食品企业集中力量推出一种或少数几种绿色食品，进入一个或少数几个绿色食品细分市场，实行专业化生产和销售，如图5-6所示。实行这一策略，企业不是追求在一个大市场角逐，而是力求在一个或几个子市场实现较大的市场占有率。

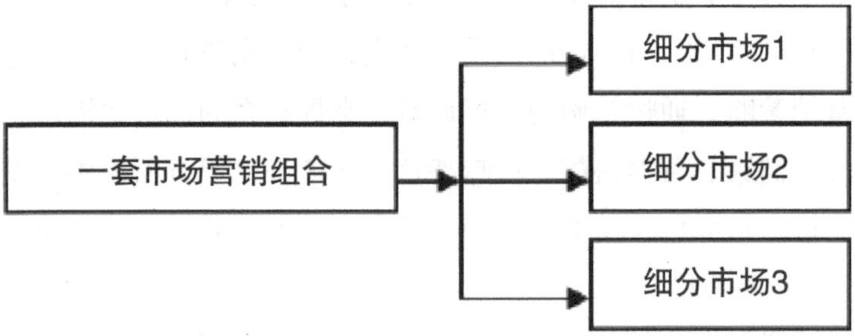

图5-6 集中性市场营销策略

绿色食品企业实行集中性营销策略，可以更加了解目标市场的需求，有利于发挥企业特长，集中力量为目标市场服务，赢得巩固的市场地位和差异化竞争优势。专业化的生产和销售，也可以降低各方面费用。所以这一策略特别适合资源力量有限的中小绿色食品企业。但该策略把企业的生存发展全部集中在一个或几个特定市场上，一旦目标市场形势变化，如消费者趣味发生转移；或有强大竞争对手进入；或出现新的更有吸引力的替代品，都会使企业面临很大的风险。

5.3　生鲜农产品定位

5.3.1　生鲜农产品定位的含义

1969年，杰克·特劳特（Jack Trout）撰写的论文《定位：同质化时代的竞争之道》首次提出了“定位”（Positioning）的概念。1981年，艾·里斯（Al Ries）与杰克·特劳特共同出版了学术专著《定位》（*Positioning: The Battle for Your Mind*），使“定位”很快成为营销理论架构中最富有价值的战略思想之一。2001年，定位理论压倒菲利浦·科特勒的营销管理及顾客让渡价值理论、迈克尔·波特的竞争优势理论、劳斯·瑞夫斯的USP（独特的销售主张）理论等，被美国营销学会（AMA）评为有史以来对美国营销影响最大的观念。

杰克·特劳特认为定位就是令你的企业和产品与众不同，形成核心竞争力；对受众而言，即鲜明地建立品牌。笔者认为，生鲜农产品定位是企业针对目标顾客的心理进行营销设计，塑造出本企业及产品绿色环保的鲜明个性或形象并传递给目标顾客，以赢得竞争优势。生鲜农产品定位的实质是把本企业及产品的绿色特性与传统企业严格区分开来，使顾客明显感觉和深刻认识到这种差别，从而在顾客心目中占据特殊的位置，当顾客产生相关绿色需求时，便会首先考虑并选择定位品牌。

美国的约翰·麦基（John Mackey）看到由于杀虫剂和化学添加剂在食品生产中的大量应用，消费者越来越担心食品对身体健康的影响，进而产生了对绿色食品的强烈需求，创办了以销售有机天然绿色食品为主的全食连锁超市。麦基公开宣称，“利润不是最优先考虑的”；公司真正关注的是“健康的食品，强健的人类，生机勃勃的星球”。其定位是：“专卖绿色和有机食品的超市，不含转基因和防腐剂。”

5.3.2　绿色食品市场定位的步骤

1．确认企业潜在的竞争优势

被誉为“现代营销学之父”的菲力普·科特勒说：“在营销操作展开之前，有一个最为关键的步骤——为品牌确立定位。定位，是存在于营销管理4P（产品Product；价格Price；分销Place；促销Promotion）要素之前的环节，影响着所有的后续步骤。”

目前，产品的同质化日益严重，市场竞争越来越激烈。如何让消费者在眼花缭乱的众多品牌和产品中选择自己企业的产品呢？这就需要企业为自己的产品创造出独特的个性化差异。只有你的产品与众不同，具有特立独行的差异化形象，消费者才会牢牢记住企业及其产品，才会购买你企业的产品。对绿色企业和绿色产品来说，定位就是要挖掘企业、品牌或产品之中的某一点潜在的优势，哪怕是1%的优势，把它提炼出来，宣传放大，在消费者的脑海中留下深刻的印象，赢得市场份额。

许多公司往往热衷于“世界级水准”和“表现卓越”，试图在方方面面都有突出的表现，但却失去了自己的特色。两位美国人弗雷德·克劳福德和瑞安·马修斯通过对世界著名成功企业的研究，总结出他们成功的共同特征：产品稳定、价格诚实、距离便利（易接近）、独特体验和服务践诺。调查结果显示：最出色的公司也只是在五个属性中的一个上有绝对优势，在另一个上保持领先，而在其他三个属性上保持平均水平。因而，企业真正要做的就是选择把哪一个属性做得最出色，把另一个属性做得优秀，而把其余三个属性做成平均水平。这个过程就是市场定位的过程。王老吉的成功在于定位于预防上火，星巴克的成功在于独特体验，而实际上他们的产品与同行并没有本质的不同。

现在各国政府针对企业环保而制定的政策标准越来越严格，社会公众要求企业承担社会责任的呼声越来越高，消费者对非绿色环保产品日益排斥，因而有远见的企业都在向绿色战略转型。而真正的绿色产品由于其在原材料选用、设计、生产制造、技术工艺、包装等方面和传统产品相比具有突出的竞争优势，因而还是很容易确认的。

从食用油来看，山东鲁花是花生油市场的第一品牌。1999年，鲁花花生油一次性获得了国家农业部（现农业农村部）绿色食品A级认证。依托山东这一全国优质花生产地（每年产量占全国的60%以上）的地理优势，选择花生油作为自己的目标市场，经过6年的科技攻关，独创了5S纯物理压榨工艺，通过生产中一次性压榨避免了传统“浸出法”的高温精炼和化学溶剂对油品的污染，独创了花生、葵花制油“生香、留香”和“无水化脱磷”技术，运用恒温储存技术，保存了成品食用油中的天然营养成分，彻底去除了油品中的黄曲霉素。鲁花把自己定位于专业的花生油制造商，把产品定位于“纯正花生油”，在广告和商品标签上反复强调其5S纯物理压榨工艺，在消费者心中占据了有利位置。2016年，产品销售额达到228亿元，占国内市场总额的30%左右。

2. 选择企业相对的竞争优势

相对的竞争优势，是企业能够胜过竞争者的现实和潜在能力，是企业能够比竞争者做得更好的方面。准确选择相对竞争优势就是企业各方面的实力与竞争者相比较的过程。比较的指标应是一个完整的体系。就绿色食品企业而言，笔者认为通常要分析、比较企业与竞争者在下列八个方面究竟哪些是强项，哪些是弱项。

（1）产地方面。许多绿色食品之所以受到人们的青睐，得益于得天独厚的地理优势，以及其独特的自然环境，气候、土壤、水体、空气等有益于绿色食品的生产种植培育。以山东为例，就有烟台苹果、莱阳梨、肥城桃、章丘大葱、潍县萝卜、大泽山玫瑰香（葡萄）等。原产地绿色食品的竞争优势非常明显。

（2）品种方面。许多绿色食品源于其多年精心培育的优良品种，专家、企业都高度重视品种在绿色食品生产中的重要性。许多品种资源极其珍贵，如金陵黑鸡具有黑羽、黑皮、黑骨、黑肉、黑内脏、产绿壳蛋的“五黑一绿”特征，为我国独有的珍稀鸡种，具有很高的推广价值。而最近的黑番薯、黑花生、绿谷子也都是非常好的品种，对绿色食品企业而言是一种优势。

（3）生产加工技术方面。许多绿色食品企业具有悠久的历史，其绿色食品的生产加工具有独到的“诀窍”，甚至有的申报了国家发明专利或非物质文化遗产。企业独有的生产加工技术以及科研人员的新产品研发水平都可以成为企业的竞争优势。如鲁花集团的5S纯物理压榨工艺获得了山东省科技进步一等奖和国家发明专利。对鲁花来说，5S纯物理压榨工艺就是其相对的竞争优势。茅台酒、粤港澳凉茶入选了国家非物质文化遗产名录，使产品在绿色的基础上又增加了文化优势。

（4）领导方面。绿色食品的企业家是否具有绿色价值观，是否愿意承担公司社会责任（CSR），企业领袖团队的远见卓识，其领导能力、决策水平、计划能力、组织能力以及个人应变的经验等。

（5）经营管理方面。是否将环境纳入了企业发展战略以及经营管理之中，是否有严格的节能减排、污染控制、废弃物管理的管理机制，是否进行了绿色食品认证并获得了中国绿色食品发展中心授权——可以使用绿色食品标志。

（6）采购方面。是否建立了绿色采购制度，对绿色种子、种畜等的采购能否达到绿色食品标准要求；对绿色谷物、果品、蔬菜的生产种植是否按要求使用“绿色肥料、农药”；对绿色畜禽业是否按要求使用“绿色饲料”……对绿色食品超市等流通企业来说采购显得尤为重要，只有高水平的采购才能保证绿色食品的货源、品质以及价格上的优势。

（7）市场营销方面。“酒香也怕巷子深”，许多绿色食品生产企业拥有非常好的绿色食品，但却无法打开市场，反映了企业市场营销能力的欠缺。企业要制定有针对性的绿色营销组合策略（产品、价格、促销、分销），形成差异化的竞争优势。企业还需要定期进行市场调研，定期倾听“顾客的声音”，并及时调整企业的营销策略以满足顾客需求的变化。

（8）财务方面。企业长期资金和短期资金的来源及资金成本、支付能力、现金流量及财务制度与人员素质等。

通过对上述指标体系的分析与比较，挑选出最适合本企业的竞争优势。

3. 大力传播企业的市场定位

有人曾经问比尔·盖茨成功的原因，比尔·盖茨说：“企业成功的秘诀是定位，定位，再定位！宣传，宣传，再宣传！”对于绿色食品企业来说，第一是要找到定位，第二要不断地去强化这一定位。这样，才能被顾客牢记，并在需求产生时首先想到进而购买其产品或服务。鲁花的成功，就在于首先找到了自己的潜在优势——创新的5S纯物理压榨工艺。然后选择中央电视台作为传播平台，反复向消费者灌输这一定位。鲁花的“手掰花生”电视广告从投放以来持续近十年保持不变。正如鲁花董事长孙孟全所说：“鲁花的广告一直不变，就是要不断地向消费者传递一个声音。”

鲁花花生油多少年翻来覆去"纯香+健康"的诉求在消费者脑海中产生了"花生油就是鲁花，鲁花就是花生油"的深刻印象，获得了定位上的竞争优势，最终成为花生油细分市场的第一品牌。

5.3.3　绿色食品市场定位的方法

优秀绿色食品企业潜在的竞争优势很多，企业可以选择用来作为定位的因素也很多。具体来说，企业在营销实践中，可以选择的定位方法有以下几种。

1. 产地定位

许多脍炙人口的绿色食品是与产地密不可分的，企业完全可以从产地入手，给自己的绿色食品定位。以有机茶为例，有许许多多的著名品牌，其定位也都与其产地紧密相连：杭州龙井、安溪铁观音、武夷山大红袍、黄山毛峰、六安瓜片等。在许多情况下，产地就是绿色食品的卖点，吸引着消费者踊跃购买。

2. 品种定位

对绿色食品来说，品质的优异来自优良的品种。绿色品种的外显特征往往也非常明显，能够给顾客留下深刻的印象。以绿色畜禽为例，金华猪、藏猪、东北民猪、两广小花猪；皖西白鹅、伊犁鹅、雁鹅等许多受到人们喜爱的品种，有的畜禽品种还列入了国家保护名录。品种可以是绿色食品用于定位的独特因素。

3. 产品特性定位

产品特性就是从高度同质化的产品或服务中找出自身产品的与众不同的特性，并通过传播，在消费者心中占据有利的地位。每一种绿色食品都有自己的特性，在研究了消费者关注的绿色食品属性之后，企业就可以从消费者的心理出发，挖掘自己绿色食品的特性，下大力气强调自己的特性，甚至使绿色食品成为某种特性的代名词，让消费者在购买时选择自己的产品。

Pampero是委内瑞拉的一个成功的番茄酱品牌，随着亨氏、德尔蒙等世界级品牌陆续进入委内瑞拉番茄酱市场，对Pampero造成了极大冲击。后来，Pampero公司利用国外品牌与自己产品制作方法上的差异：国外品牌是在自动处理生产线上把番茄直接砸碎做成酱，而Pampero公司在搅碎之前，则要把番茄逐个进行人工去皮，这就使Pampero公司的番茄酱颜色显得更艳丽。抓住这个产品特性上的独特差异，Pampero公司开始大做文章，大力宣传纯手工剥皮的番茄酱是最高级的番茄酱，其广告称：采用精心挑选的番茄为原料，并手工去皮，运用这种传统的纯手工工艺（而不是用冷冰冰的机器），制作出最高级的番茄酱——Pampero！您可以从Pampero番茄酱与众不同的颜色与口味中，发现它与众不同的价值。利用产品制作方法的差异，在消费者心中留下了深刻的印象，重新赢得了第一位的市场份额。

4. 功能/利益定位

对绿色食品来说，或者纯天然、无污染；或者营养成分高、口感好；或者没有农药残留、含有较少化学物质；或者特别适合老人、儿童及孕妇等。这些都属于产品的功能利益，也是绿色产品最吸引消费者的地方，企业完全可以从这些方面入手，进行市场定位。

5. 初次/重新定位

初次定位适合下列情况：新成立的绿色食品企业初入市场，企业新产品投入市场，绿色食品进入新市场。企业在进入上述目标市场时，不同竞争对手的产品已在市场占据一定位置并形成了一定的市场格局。这时，企业就要认真研究自身产品的优势，并结合企业自身的实力，或者选择和竞争对手迎头对峙，或者选择避开强大的竞争对手寻找空白市场定位，从而赢得自己的一席之地。

对企业来说，定位一旦确定，就应该保持其稳定性和连贯性，不要轻易改变。如鲁花的“手掰花生”就一直保持不变，给消费者留下了深刻的印象。多变的定位会让消费者感到无所适从。然而，市场形势瞬息万变，如果消费者的需求偏好有了变化，原有的竞争格局就发生了改变，公司不能实现原有计划目标，也不能一味死守原有的定位，而必须重新认识市场，明确企业的潜在优势，并重新选择具有竞争优势的定位，进而进行传播巩固，以赢得市场竞争的主动地位。

5.4 小结

任何一家企业都不可能满足所有消费者的市场需求，因而需要通过市场细分，从中寻找和企业自身资源及发展方向相匹配的目标市场，并在顾客心目中塑造出企业独特的差异化绿色定位。本章分析了绿色消费品市场的细分变量，指出由于意识、态度等心理变量在企业营销实践中不易操作，因而企业通常还是以人口统计变量或地理变量作为细分市场的依据。重点以绿色食品市场为例，研究了绿色食品企业的市场进入模式和企业可以选择的市场营销策略；从八个方面分析了绿色食品企业的潜在竞争优势，指出绿色食品企业可以考虑产地、品种、产品特性、功能/利益、初次/重新等因素进行市场定位，以便树立企业绿色环保的鲜明形象。

第6章 绿色产品

绿色产品是绿色营销的基础。没有绿色实体产品，绿色营销就成了“无源之水，无本之木”。不同的学者对绿色产品进行了大量的研究，在此不再一一赘述。笔者从产品环境属性的全生命周期分析出发，阐述了绿色产品从设计、原材料采购、清洁生产、绿色包装、销售、绿色服务、回收再利用的全部过程及企业应采取的相应的绿色营销策略。随着人们对环境问题的日益关注，绿色设计越来越受到重视，绿色设计的内涵与外延都有了很大的扩展。绿色设计不仅仅指产品设计，还包括企业的生产流程设计和工业园区的生态设计。以家电行业为例，建立了绿色产品的评价模型，并对某品牌的洗衣机进行了产品绿色度的实际测算。

6.1 绿色产品的内涵

1. 绿色产品的定义及属性

《中国21世纪议程》指出：对人体和环境无害的绿色产品的生产将随着可持续发展进程的深入而日益成为今后产品生产的主导方向。绿色产品就是在产品生命周期全过程中，符合环境保护要求，对生态环境无害或危害极小，能源和资源利用率高，有利于资源再生和循环利用的环境友好产品。

国际标准化组织ISO认为，生命周期评价（Life Cycle Assessment，LCA）是汇总和评估一个产品或服务体系在其整个生命周期内的所有投入及产出对环境现实的和潜在的影响的方法。LCA研究评估产品的整个“生命周期”——从绿色设计到原材料的采购、生产加工、消费使用，再到废弃物回收处理循环利用的全部过程。它既关注在此过程中产生的目标产品，也关注在此过程中的资源投入、能源消耗，还关注在此过程中的其他产出：

废水、废气、废料、废渣等。

2. 如何识别绿色产品——绿色标志

绿色标志亦称环境标志、生态标志、绿色产品标志，是一种印刷或粘贴在产品或其包装上的图形标志。20世纪70年代末的欧洲，国际标准化组织将其称为环境标志。获得环境标志的产品不但质量符合标准，而且在制造、使用及废弃物处理过程中符合环保要求，对生态环境和人体健康无损害。1978年，德国率先实施了环境标志——蓝色天使标志。1988年，加拿大、日本、美国等国家开始实行绿色标志。1991年，法国、瑞士、芬兰、澳大利亚等国家开始实施环境标志。

环境标志相当于绿色产品的身份证。一旦通过了环境标志认证，企业产品就是名副其实的绿色产品。环境标志对提高消费者的绿色消费意识，推动政府绿色采购工作，扩大绿色消费和生产，鼓励企业实行绿色营销，打破绿色贸易壁垒，赢得国际市场差异化竞争优势，促进节能减排与生态环境保护具有重要的意义。因而环境标志一出现就显示了它强大的生命力，众多企业纷纷下大力气争取环境标志产品认证。调查显示，大部分的消费者为环境清洁愿意接受较高的价格，其中的多数人愿意选择和购买带有环境标志的产品，把是否有环境标志作为产品选择的重要依据。2004年，德国环境数据服务公司（ENDS）公布了名为《环境标志，在绿色欧洲的产品管理》的研究报告，指出环境标志培养了消费者的环境意识，强化了消费者对环境友好产品的选择。

3. 绿色产品的种类

笔者在进行实地生鲜农产品调研时，发现许多消费者对绿色产品的概念认识不清，有的认为低碳环保的才是绿色产品，有的则认为不含有毒有害物质就是绿色产品，有的则认为节能降耗的属于绿色产品……因而笔者认为有必要明确划分绿色产品的种类，澄清消费者的模糊认识。绿色产品可分为以下六类。

（1）国际履约类

中国政府十分重视环境保护，缔结或参与了一系列环境保护的公约和协定，主要有：《联合国气候变化框架公约》及其《京都议定书》《保护臭氧层维也纳公约》《关于消耗臭氧层物质的蒙特利尔议定书及该议定书的修正》《生物多样性公约》《生物多样性公约〈卡塔赫纳生物安全议定书〉》《濒危野生动植物物种国际贸易公约》《关于在国际贸易中对某些危险化学品和农药采用事先知情同意程序的鹿特丹公约》《关于持久性有机污染物的斯德哥尔摩公约》和《联合国防治荒漠化公约》等50多项涉及环境保护的国际条约，并积极履行这些条约规定的义务。

1991年6月14日，中国政府加入了修正后的《蒙特利尔议定书》。《蒙特利尔议定书》以附件列表的形式明确了受控物质的种类，并规定缔约方可以协商调整受控物质的种类。《蒙特利尔议定书》至今有过4次修正和2次调整，扩大了受控物质的范围，加快了淘汰进程。1991年，中国加入议定书伦敦修正案时为五类20种；1999年，北京修正案中受控物质已达八类95种。按照议定书的内容，中国将于2000年、2010年分两步替代氟氯烃（CFC）和哈龙（Halon）等制品，由此带来了相关种类绿色产品的研发与上市，如无氟冰箱、卫生杀虫气雾剂等。在冰箱产品CFC完全替代的基础上，下一步将重点开发空调等产品的制冷剂替代产品，以降低环境负荷。

（2）可再生回收利用类

建立废弃物回收处理体系，并实行信息化管理，使本来可能作为废物处置的物质经过收集加工以原料或产品的形式进行再生产，既可以节约资源，又能够减少废弃物排放，降低了垃圾造成环境污染的潜在风险。各种废纸、玻璃、橡胶、塑料等资源均可回收生产可再生纸、建筑材料、轮胎、再生塑料制品。废旧家电电子产品也含有大量的可再生回收利用资源，价值很高。废弃淘汰的电冰箱、洗衣机、空调器有纯度很高的铁、铜、铝；印刷电路板有金、银、铂等贵重金属。表6-1列出了废旧电器电子产品资源回收情况。

表6-1　废旧电器电子产品资源回收情况一览表（千克/台，资料来源：海尔集团）

项目	铜	铝	塑料	铁	玻璃	不锈钢
电视机	0.4	—	4.9	2.1	17.1	—
洗衣机	0.6	0.7	13.1	7	—	1.6
空调	9.3	4.4	6.5	30.5	—	—
电冰箱/冰柜	0.7	1.9	9.3	19.6	0.8	—

（3）改善区域环境质量类

这类绿色产品主要替代购买频次高、重复使用、消耗量大的传统消费品，因为这类消费品消费数量大，所以对水、大气、土壤环境具有较大的潜在环境威胁。随着我国经济的快速发展和人口的不断增加，在某一特定区域内如果传统产品消费带来的环境负荷超过了环境承载的极限，就会造成区域环境质量的急剧恶化，给区域经济发展和人民健康带来巨大损失。如总磷酸盐含量超过1.1%的含磷洗涤剂，包括织物洗涤剂（洗衣粉、皂粉、洗衣膏、液体洗涤剂等）、餐具洗涤剂、工业用净洗剂等洗涤产品。使用含磷洗涤剂后的生活污水流入江河湖海，会造成水体富营养化，引起赤潮、藻华现象的发生，严重污染海洋环境，会给水产养殖、渔业生产带来巨大的经济损失。巢湖、太湖、滇池的水体富营养化，渤海湾的赤潮都是这个原因引起的。因此，企业就要开发无磷洗涤剂等绿色产品，以替代含磷洗涤剂。纸质餐具、电动汽车、混合动力汽车、无汞锌锰电池、低排放燃气炉等都属于此类产品。

（4）改善居室环境质量类

居室是人的一生中接触时间最长、关系最为密切的环境，居室环境的优劣直接影响到人体健康。据2008年5月23日《广州日报》报道，环保专家的试验结果表明，居室是空气污染最严重的地方。居室空气环境质量和噪音大小是影响居室环境质量的最重要的两个指标。居室空气污染的主要来源是建筑材料、装修材料及家具，其中对人体健康影响较大的主要污染物是甲醛、苯系物等挥发性有机化合物和氨气等，这些污染物污染重，持续时间长，能够损害人们的呼吸系统、神经系统、消化系统、免疫系统等，据中国室内装饰协会环境检测中心公布，我国每年由室内空气污染引起的死亡人数已达11.1万人，每天大约是304人。居室环境质量问题已经引起了各国政府和消费者的普遍关注。绿色建材的开发利用成为目前建筑材料供应商关注的热点课题，如绿色环保涂料、玻璃、陶瓷、地毯、壁纸、复合地板、纤维强化石膏板等。

噪声污染轻者使人心情烦躁，对人的情绪产生消极影响，降低人们的工作效率；重者不仅造成听觉损害，而且对人们的神经系统、心血管系统、内分泌系统、消化系统以及视觉、智力等都产生不利影响。因而企业都大力加强降噪技术和降噪产品的研发，如海尔明确提出，重点开展降噪等绿色关键技术的研究，其研制的“S-D芯变频技术”的洗衣机产品，属行业独创，由海尔与美国GE联合研发，噪音低，实现了“静音洗衣”。

（5）有益及保护人体健康类

与衣、食、住、行相关的许多产品和消费者的日常生活联系紧密，其绿色程度直接影响着消费者的身体健康。从选购衣物来说，对标签上标有“免烫”“永久免烫”等字样的衣物，购买时要慎重，因为其一般经过了甲醛处理；衣物中的染料有可能通过皮肤吸收对人体有害，尽量选择本色植物纤维纺织品。从家居用品来说，装修时尽量选择质量好、毒性小的绿色材料，选择花岗岩、大理石等装修材料时要特别注意其是否具有氡辐射。从出行来说，则尽量步行，或选择自行车、电动车及公共交通工具，减少汽车尾气造成的大气污染。在日常生活中，化妆品尽量选择天然化妆品，避免有毒有害物质的危害；电子产品要考虑对人体的辐射，尽量选择绿色电子产品等。从食品来说，影响健康的因素既有食品本身的重金属、农药残留、兽药残留；又包括加工储存过程中人为加入的添加剂、防腐剂等，因而购买食品要首选绿色食品。A级绿色食品允许有控制地使用部分农药，AA级绿色食品则严格限定不使用化学农药和化肥。表6-2为有机和无机苹果的营养成分等对比。

表6-2 有机苹果和无机苹果对比表（单位按mg/100g计算）

成分 产品	营养成分					矿物质含量					维生素含量				
	蛋白质	脂肪	总糖	粗纤维	热量	钙	铁	钠	钾	锌	E	C	B1	B5	叶酸
有机苹果	320~500	400~500	1700~2000	130~150	50	15~28	0.6~0.8	0.6~1.5	115~150	0.1	0.5~1.0	9~12	0.01~0.03	0.16	2.8~8.0
无机苹果	200~400	500~1500	1300~1500	100~120	58	9~20	0.1~0.3	0.4~1.0	110~139	0.05	0.3~0.7	5~7	0.01~0.03	0.11	2.8~8.0

（6）节约能源资源类

我国人均资源占有量相对短缺，而经济的高速增长又以资源的过度消耗为代价，造成资源能源紧张，近年来我国许多大中城市出现的“拉闸限电”现象就说明了这一问题。因而，政府部门鼓励节能型产品的研发与消费，限制能耗大的产品的生产与销售；消费者也愿意购买节能型产品，降低消费成本，这对于企业开发节能型产品具有很大的促进作用。许多节能型产品已经纷纷推向市场，并得到了消费者的青睐，如太阳能手机、热水器、发电设备等；节电型空调、冰箱、电视等；节水型清洗槽、水流控制器、清洗机、洗衣机等。

莱芜钢铁集团有限公司（以下简称莱钢）大力推广应用节能降耗技术。通过研究、开发、引进、创新，莱钢全面应用了高炉煤气全干法除尘技术、转炉煤气干法除尘技术、高炉富氧大喷煤技术、工业废水零排放技术、高炉煤气TRT、CCPP和干熄焦发电技术，提高了能源利用效率，降低了资源能源消耗。仅高炉煤气全干法除尘技术的成功应用，吨钢水耗就由500千克锐减到2千克，用于TRT发电，提高发电量30%以上；转炉煤气干法除尘技术与传统的湿法除尘技术相比，节电80%，节水60%~80%，节地50%，吨钢转炉煤气回收量提高30m^3，转炉煤气回收利用率提高到110m^3/t，除尘灰直接利用，杜绝水污染。通过节能技术的应用，莱钢减少了资源能源消耗，降低了生产成本，取得了显著的经济效益、环境效益和社会效益。莱钢2001—2007年吨钢能耗、水耗变化情况如图6-1所示。

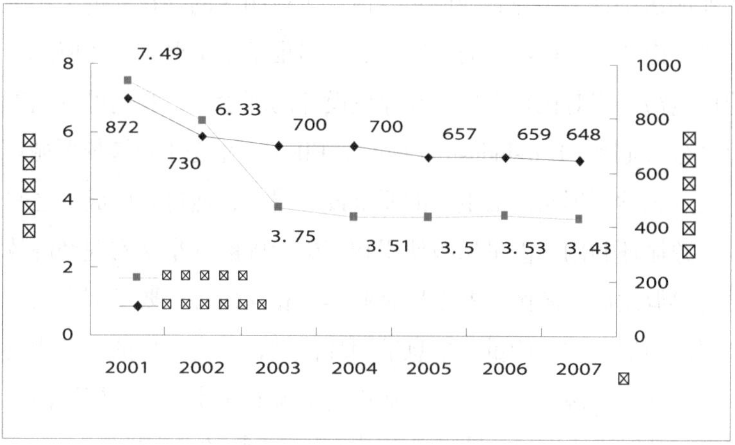

图6-1　2001—2007年吨钢能耗水耗变化情况

6.2 绿色设计与研发

6.2.1 绿色设计

设计先行。企业确立了绿色营销的战略，首先要考虑的就是如何进行绿色设计（Green Design），在生产之前就将环境保护和污染预防的理念措施纳入设计之中，把环境指标作为产品设计的出发点和归宿，力求使目标产品对环境的影响为零或最小化。

环境保护意识是企业进行绿色设计的前提和出发点，是绿色设计与传统工业设计最大的差异所在。绿色设计的原则是公认的“3R”原则，即Reduce——减量化；Reuse——再使用；Recycle——资源化。

绿色设计本来是指产品生产之前的工业化设计，如许世虎等认为，绿色设计已经成为产品设计的主流，也是未来产品设计的发展趋势。魏东认为，绿色设计的主要内容包括绿色产品设计的材料选择与管理、产品的可拆卸性和可回收性设计。笔者认为，随着人们对环境问题的日益关注，绿色设计越来越受到重视，绿色设计的内涵与外延都有了很大的扩展。绿色设计的理念已经从单纯某一产品的设计扩展到整个企业的生产流程设计，甚至企业所在的整个工业园区的共生合作生态设计。

1. 工业园区的绿色生态设计

工业园区是许多工业企业的集合体。工业园区的存在促进了相关产业集群的发展，推动了区域经济的快速发展，但也带来了严重的环境问题，工业园区的环境污染相对比较突出。在绿色设计的理念下，我们可以把工业园区设计为生态工业园（Eco-Industrial Parks，EIP）。生态工业园依据循环经济理念、工业生态学原理及清洁生产的要求设计建立，通过园区成员之间的废物交换、资源循环利用、能量梯级使用和基础设施的共享来实现经济效益和环境效益的协调发展。园区内的工厂企业形成相互依存、要素耦合的工业生态系统。园区内的物质、能量、信息准闭环流动，一个工厂的废弃物成为下一个工厂的原料，从源头入手，使企业提高能源利用率，减少资源消耗，实行废物交换，开展清洁生产，最终实现园区内污染物的“零排放”。

世界上第一个生态工业园是丹麦的卡伦堡（Kalundborg）生态工业园。

卡伦堡位于哥本哈根以东100多公里。其园区成员包括：

（1）阿斯耐斯瓦尔盖热力发电厂，丹麦最大的燃煤火力发电厂，发电能力为1500MW；

（2）斯塔朵尔炼油厂，丹麦最大的炼油厂，年产量300万~400万吨；

（3）吉普洛克石膏材料公司，平均每年生产14百万平方米的石膏板材；

（4）挪伏·挪尔迪斯克制药公司，年销售额超过20亿美元的国际生物科技集团，主要产品有胰岛素和工业酶等；

（5）地方农场和养殖场；

（6）卡伦堡市政当局，供应地方一万九千居民热能，同时供水给家庭与产业用。

阿斯耐斯瓦尔盖热力发电厂是工业生态系统的中心。电厂为制药厂提供所需的全部蒸汽，为炼油厂提供所需40%的蒸汽；电厂除尘脱硫设备的副产品是工业石膏，年产8万吨，全部出售给石膏厂，替代了原来从西班牙石膏矿进口原料的50%；通过地下管道向卡伦堡全镇居民供热，由此关闭了镇上3500座燃烧油渣的炉子，减少了大量的烟尘排放；粉煤灰用于生产水泥和筑路，生产的余热供给养鱼场养鱼，养鱼场的淤泥作为肥料出售；供应中低温的循环热水，使大棚生产绿色蔬菜；实现了热能的多级使用。

炼油厂向50km外的一家硫酸厂供应其副产品硫，车间酸气脱硫的副产品稀硫酸也供给硫酸厂；炼油厂通过管道向石膏厂提供火焰气，用于石膏板生产的干燥，减少了火焰气的排放；炼油厂向本地温室供热水；炼油厂的脱硫气供给电厂燃烧；废水经过生物净化处理，通过管道向电厂输送，整个工业园区由于进行水的循环使用，每年减少25%的需水量。药厂利用发电厂的废热和蒸汽将制药废渣热处理，杀死微生物后销售给附近600多家农户用作肥料。卡伦堡生态工业园区企业间主要废料交换流程，如图6-2所示。

卡伦堡生态工业园的综合收益：共生企业通过对水的循环利用，每年减少用水60万立方米；共生企业每年油类消费量减少2万吨；石膏厂每年从发电站获得20万吨石膏；制药厂的肥料可以供应2万公顷土地使用；每年减排二氧化碳17.5万吨，二氧化硫1.02万吨；每年减少4.5万吨石油和1.5万吨煤炭的消耗；废物处理公司可获得11.3万吨报纸——经过质检后出售，1.7万吨碎石与混凝土——压缩和分类后用于不同类型地面，11.5万吨花园/公园的废弃物——用于区域土壤的改善，1.4万吨铁和金属——清洗后出售再利用，1.18万吨玻璃和瓶子——出售给玻璃生产企业。由上述各项收益大致得出卡伦堡每年可节约150万美元左右，目前已累计节约7000万美元到1亿美元。

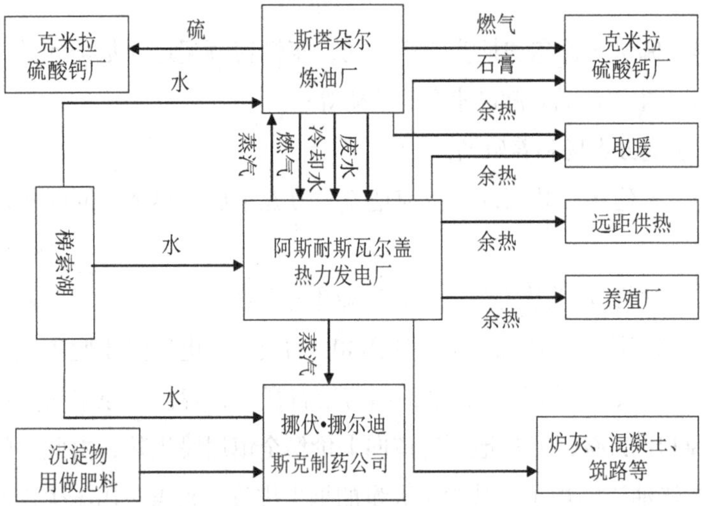

图6-2　卡伦堡生态工业园区企业间主要废料交换流程示意图

据保守估计，中国的各类工业园超过3000个。中国第一个国家生态工业示范园区是广西贵港生态工业园。其生态工业链由蔗田、制糖、酒精、造纸、热电联产和环境综合处理六大系统组成。蔗田系统负责提供高品质的甘蔗，保障园区的原料供应；制糖系统以乙糖等为原料，生产精炼糖、有机糖、低聚果糖等产品；酒精系统以废糖蜜为原料生产能源酒精和酵母精；造纸系统利用蔗渣生产纸类产品；热电联产系统以蔗髓替代部分燃煤，实现热电联产，供应制造系统所必需的电力和蒸汽；环境综合处理系统负责废气、废水等的处理，生产水泥、复合肥等副产品。形成了以甘蔗制糖为核心，“甘蔗—制糖—废糖蜜制酒精—酒精废液制复合肥”和“甘蔗—制糖—蔗渣造纸—制浆黑液碱回收”为主线的工业生态链；以及“制糖滤泥—制水泥”，“碱回收白泥—制轻质碳酸钙”，“造纸中段废水—

锅炉除尘、脱硫、冲灰”等多条副线工业生态链（如图6–3所示）。

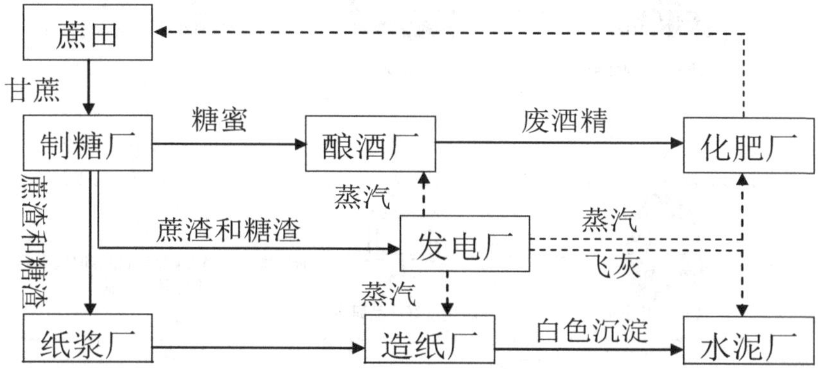

图6–3　贵港生态工业园区流程示意图

通过副产物、废弃物和能量的相互交换利用，既节约了能源资源，又把污染物消除在生产过程之中。如果中国的工业园都以绿色设计和循环经济的理念来设计或改造，将会产生极大的环境效益和经济效益。

2. 企业生产流程的绿色设计

企业的生产流程通常包括原料投入、生产加工、包装运输和回收利用四部分。具体的生产工艺流程因不同行业、不同产品有很大的不同，以食用油为例，其流程就包括：投料、水化、脱胶、脱杂、干燥、脱色、过滤、脱臭、养晶、脱脂、脱蜡、产品等十几个环节。每一个环节都可以贯彻绿色设计、环境保护的价值理念，并将其融入产品的市场调研、设计、制造、销售、回收及资源化利用过程的每一个环节中，使资源利用达到最大化，废弃物产出最小化，尽量降低对环境的负荷。下面以海尔的绿色生产流程图（见图6–4）为例来说明。

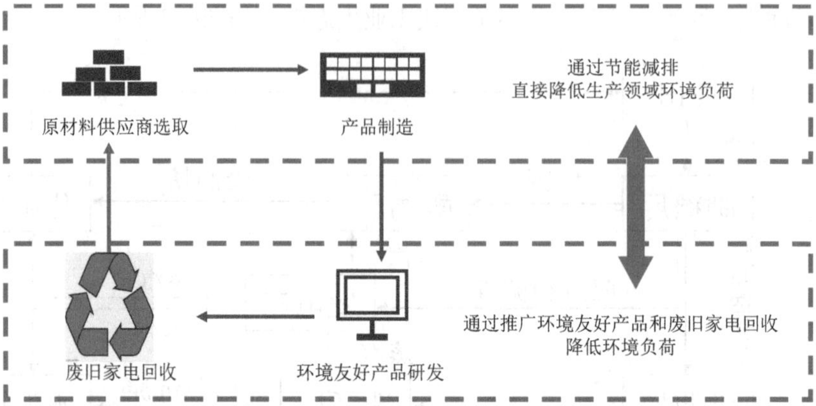

图6–4　海尔的绿色生产流程图（资料来源：海尔集团）

海尔在全球范围内竞价采购质优价廉对环境友好的零部件，与日本NEC芯片、日本三菱电机压缩机、美国艾默生电气、美国霍尼韦尔制冷剂、德国巴斯夫化工等50余家全球顶级供应商建立了绿色采购伙伴关系，以减轻海尔产品全生命周期的环境影响。

在绿色制造方面，海尔集团从原辅材料（动力）、技术工艺、设备、管理、过程控制、员工、产品等方面全面、全流程贯彻节能减排，落实节能、降耗、减污、增效的具体措施。1996年8月，海尔电冰箱事业部通过ISO 14001环保认证；1998年，海尔通过ISO 14001环境管理体系认证，为海尔产品的绿色制造提供了有力保障。

绿色营销也是海尔绿色战略的重要内容，在产品的市场调研、设计、制造、销售、回收及资源化利用过程中，始终保持绿色和环保的经营理念，把绿色和环保理念融入上述每一个过程中，坚持产品与地球共生存，和谐发展。海尔对产品进行全生命周期绿色特性分析，通过重点开展产品的模块化、可拆解，材料的可循环利用及节能、降噪等绿色设计中关键技术的研究，使海尔产品生命周期的绿色管理达到国际先进水平。

在绿色回收方面，海尔是国内率先发展循环经济的企业，2004年12月，国家发改委确定青岛市为国家废旧家电回收处理示范基地，具体由海尔负责。海尔在青岛建设了5500平方米的厂房，陆续回收各类废旧家电38000多台。其中，冰箱、空调、洗衣机、电视的手工拆解线完成安装调试工作，达到了国内领先水平。

爱普生公司对于采购环节一直坚持绿色环保的原则。1998年，爱普生就制定了一份《绿色商品选择基本指南》，对办公用品的供应商和产品实行统一管理，以便优先选择符合《指南》要求的绿色商品和供应商。2001年，爱普生又推出了《绿色采购法》，对绿色商品的优先采购规定得更加细致完善。2006年，公司一般物品的绿色采购率达到了100%。为了保证生产出环境友好型商品，爱普生在全球范围内以统一的标准进行生产材料的绿色采购。为此，爱普生制定了“绿色供应商环境体制评价”体系，对“绿色供应商”和“绿色生产材料”进行统一管理。爱普生还开出了一份绿色供应商的名单，“不使用爱普生公司规定的‘禁止采购/使用的化学物质’”“取得ISO 14001认证或具有环境管理体系”的企业成为爱普生的供应商，全公司内各个事业部以此名单为基础优先采购。在办公产品和生产材料采购段，爱普生实现了100%的全球统一标准绿色采购，为绿色产品的设计与生产制造奠定了良好的基础。

在绿色设计之初就要考虑企业生产的副产品、废弃物的回收及资源化利用。一方面选择可以资源化再利用和再循环利用的原材料、零配件，另一方面对没有利用价值的废弃物选择无污染、可降解的材料。这也是企业应该承担的社会责任之一。2003年1月27日，欧洲议会和理事会发布了《关于报废电子电气设备指令》，明确规定：“生产者应负责报废电子电气设备的处理、回收和处置费用及回收设施的回收费用。为使生产者责任制产生最大效果，每个生产者应负责其自己产品中产生的废弃物的管理费用。生产者应有能力单独或通过加入联合计划完成这项义务。每个生产者在产品投放于市场时，应当提供资金担保防止其遗留的报废电子电气产品的管理费用由社会或其他生产者承担。”

3. 微观产品的绿色设计

我们通常所说的绿色设计就是微观产品的绿色设计。通过产品全生命周期绿色属性分析，在满足顾客对传统产品需求的同时，以可拆卸性、可回收性、可降解性、可重复利用性作为设计目标，使产品的资源消耗和环境负荷尽量降低。通过产品生命周期理论的分析，我们可以比较不同产品

“绿色”程度的高低，也可以从中发现某一产品在生命周期不同阶段对环境的影响程度并加以设计改进。因而绿色设计理念贯穿于从原材料采购、工艺创新、制造生产、绿色包装运输到废弃物回收处置的产品生命周期全过程，如6–5图所示。

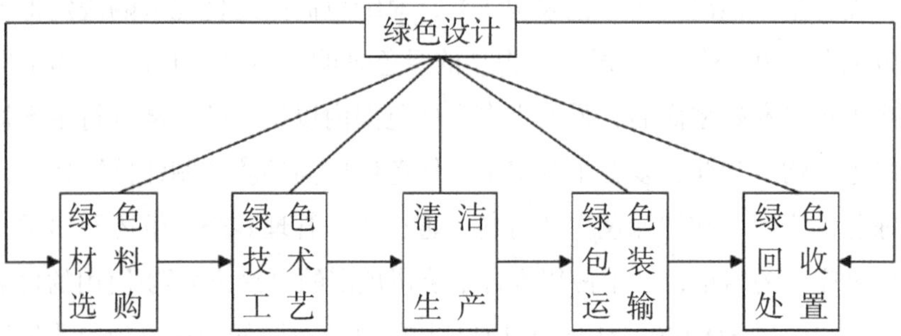

图6–5　绿色设计贯穿于产品生命周期全过程

在对产品进行绿色设计的过程中，主要通过以下指标来体现产品的绿色度。

（1）环境属性：体现着绿色产品与传统产品最本质的区别，是产品绿色度综合评价最重要的一个指标。考察产品的环境属性主要看产品的生产、使用和回收对大气、水、土壤、噪声等环境因素的影响大小，如有毒有害物质的使用及对环境影响的程度，废弃物的回收处置及对环境影响的程度等。具体指标可以包括大气影响指标、水体影响指标、土壤影响指标、噪声影响指标、固体废弃物影响指标、对人体健康的影响指标等。其中，每一项具体指标又可以分为许多子指标，如水体影响按照污染物来源可分为天然污染源和人为污染源；按污染物种类可分为物理性、化学性和生物性污染源；按分布和排放特征可分为点源、面源、扩散源和内源；按其在水体中的状态和形态可分为水体颗粒物、浮游生物、溶解物质；按其危害来源又可分为耗氧有机物、难降解有机污染物、植物性营养物质、重金属污染物、放射性污染物、石油类污染物、病原体等。不同的行业，不同的产品对同一种环境属性的要求也不一样。电子、机电、机械类产品在产品设计时都把噪声影响作为一个重要指标，大力开发降噪技术，包括产品在生产时的降噪和使用时的降噪。而对于家庭日用化学品来说，降噪技术就显得不那么重要，而有毒有害物质的含量、产品使用过程中对水体和土壤的污染则是必须要考虑的重要指标。

选择的每一种原材料，都要考虑其在整个生产、消费和处置过程中是否可降解、可拆卸、模块化、可回收循环利用，摒弃有毒有害、对生态环境影响大的原材料。不妨从过去、现在和未来三个时间段审核一下每一种原材料的环境特性：它们来自哪里，是否对环境友好（过去）；是否无毒无害（现在）；是否能够循环使用或回收利用（将来）。美国一家生产洗手皂、衣物清洁剂、喷雾清洁剂等家庭日用品的公司，内部有一份“清洁名单”，上面列明了对人体和环境都安全的原料成分，其研发人员使用上述原料成分来调配研制新产品。该公司也有一份“黑名单”，列明“肮脏”的原料成分如氨水、漂白剂和酞酸盐等，提醒研发人员摒弃这些原料成分。而且公司所有产品都可循环利用。

（2）经济属性：绿色设计的经济属性要考虑两个方面：一是资源和能源消耗指标；二是产品成本。资源和能源消耗主要指产品在生产过程中和在使用过程中的资源和能源消耗。2011年2月25日，中国能源研究会公布：我国经济成就举世瞩目的同时，能源供应紧跟需求出现高速增长。2016年，我国一次能源消费量为43.6亿吨标准煤，中国已成为全球第一能源消费大国。我国能源消耗强度偏高，是美国的3倍、日本的5倍。表6-3是中国与世界各国在GDP能耗方面的一些比较。

表6-3　中国GDP能耗与世界比较排行（单位：万吨油当量/亿美元）

国家	2000年	2001年	2002年	2003年	2004年	2005年	2006年	2007年	2008年
美国	2.35	2.22	2.18	2.09	2	1.88	1.76	1.71	1.62
日本	1.1	1.25	1.3	1.2	1.13	1.15	1.18	1.17	1.03
英国	1.55	1.57	1.4	1.23	1.05	1.01	0.94	0.78	0.8
德国	1.73	1.77	1.63	1.36	1.2	1.16	1.13	0.94	0.85
法国	1.91	1.92	1.75	1.44	1.27	1.22	1.15	0.99	0.9
意大利	1.59	1.57	1.43	1.19	1.06	1.04	0.98	0.85	0.77
加拿大	4.15	4.15	4.1	3.59	3.16	2.85	2.52	2.3	2.36

续表

国家	2000年	2001年	2002年	2003年	2004年	2005年	2006年	2007年	2008年
澳大利亚	2.66	2.86	2.66	2.07	1.76	1.6	1.61	1.34	1.17
俄罗斯	24.07	20.25	18.39	14.83	10.94	8.41	6.86	5.29	4.26
印度	6.29	6.13	6.11	5.19	4.99	4.48	4.19	3.6	3.56
巴西	3.04	3.53	3.96	3.63	3.13	2.43	1.87	1.64	1.41
南非	8.12	9	9.96	7	5.68	4.95	4.82	4.58	4.78
中国	8.11	7.6	7.28	7.46	7.38	7.04	6.42	5.67	4.63

从表6-3中可以看出，自2000年以来，世界主要国家单位GDP能耗呈下降趋势，但不同国家之间差异较大。2008年，美国、日本、澳大利亚等国家的能耗值均控制在2.00万吨油当量/亿美元以下，而南非、中国、俄罗斯等国家的能耗值均超过4.00万吨油当量/亿美元。2009年，我国GDP占世界的8.6%，却消耗了世界46.9%的煤炭和10.4%的石油；而同年美国GDP占世界的24.3%，煤炭和石油消费量分别占15.2%和21.7%；日本GDP占8.7%，煤炭和石油消费量分别只占3.3%和5.1%。显而易见，中国的能源利用率较低，所以要加强技术创新，推广绿色设计，降低产品和包装的重量，提高原材料利用率和能源产出效率，鼓励使用太阳能、风能等清洁能源和可再生能源，开发和扶持电动汽车，发展绿色建筑，改进提高钢铁、化工、水泥、煤炭开采和废物处理技术，降低我国产品的资源能源消耗。

传统的产品成本主要包括设计成本、生产成本、包装运输储存成本。而绿色设计则必须要考虑环境成本。长期以来，我国一直是“企业违法污染获利，环境损害大家买单”。从国家统计局和环保总局联合开展的绿色GDP研究数据来看，环境污染的不完全经济损失相当于当年GDP的2.1%~7.7%；生态破坏的经济损失相当于当年GDP的5%~13%，两者之和为7%~20%。企业在计算产品成本时，应统筹考虑企业生产经营活动所造成的环境污染而发生的社会成本，以及因有毒有害生产工艺对人体健康造成的危害而导致的额外医疗成本，还有产品达到生命周期后的回收处置成本。

（3）技术属性：绿色技术是指能防止减少污染、降低能耗和改善生态的工艺技术体系，绿色技术的改进创新体现着绿色设计的理念，承载着企业的绿色价值观，在战略层面上影响着企业能否实现可持续发展。具体包括能源技术、材料技术、催化剂技术、分离技术、生物技术、污染治理技术、资源回收技术以及环境监测技术和从源头、过程加以控制的清洁生产技术等。以汽车制造业为例，新型材料技术、尾气排放控制技术、新能源汽车系列技术等都是能够使企业拥有差异化核心竞争力的关键技术。世界各大汽车公司都在研制用新型非金属材料代替传统的金属材料，以节约成本，降低资源消耗，减轻车身重量。机动车尾气排放是许多国家大气污染的主要来源，尾气排放控制技术相应成为汽车工业研发的热点。欧盟国家从1992年实行1号汽车尾气排放标准，1996年实行2号标准，2000年实行3号标准，2004年实行4号标准，2009年9月1日实行5号标准，2014年，欧洲汽车尾气排放控制将逐渐过渡到更加严格的6号标准。对电动汽车而言，电池技术、电机技术和控制器技术则是制约其发展的三项特有关键技术，国际汽车巨头在上述技术上都纷纷投入巨资，争取获得技术研发上的竞争优势。

绿色产品的技术属性除了要满足传统产品的功能、质量、维修方便和使用寿命等要求外，还要充分考虑产品的易拆卸、易回收再利用性。在具体设计时，要考虑产品的组装结构，使产品易于拆卸；使用铁、铜、铝、热塑性塑料等易回收性材料，少用或尽量不用合金、热固性塑料、有毒有害等不可回收材料，并标注部件材料成分，增加可回收材料标志；开展模块化设计，在对不同规格、不同性能的产品进行功能分析的基础上，划分并设计出一系列功能模块，通过模块的分类装配组合形成不同的产品，满足顾客的不同需求。2001年，海尔推出了模块化定制电脑。将电脑的各种软硬件按照不同的用途划分为八个功能模块，其中三种模块作为基础功能构成电脑的基本模块，另外五种功能作为可选模块供顾客自行选配，任意组合。顾客可以根据自身不同的需求组合不同的功能模块，定制自己的电脑，解决了个性化需求与标准化产品之间的矛盾。海尔模块化定制电脑产品发布仅几天，就接到总量达3万多台的订单，其中来自海外的订单有6000台。

需要指出的是，对绿色设计来说，针对不同国家和地区的具体情况，需要秉承本土化设计的理念，包括产品设计的规格、图案、颜色等都要符合当地市场的需求，否则就有可能出现这样的现象，在一个地方卖得很好的产品，在另一个地方却卖不动。按照国际标准，电压的标准控制范围是206~232伏，而在印度，电压的变动幅度是125~280伏，因而出口销售到印度的产品在设计时必须适应这一要求。海尔在全世界各地设立了8个综合设计中心，分布在美国、英国、法国、日本等国，并拥有几百名本土的专业设计师。拥有本土化设计能力使海尔的核心竞争力得到了提升。

不管是传统产品还是绿色产品，检验其是否成功的标准在市场，产品只有卖出去才是硬道理。市场是企业所有生产经营活动的起点和归宿，绿色技术创新的课题要围绕市场来进行，技术创新要从市场中来，又要服务于市场，以用户的需求作为技术创新的课题。技术创新最重要的是要有市场效果，技术创新开发的绿色新产品，最终要实现商品化推向市场。闭门造车，忽视市场需求，设计出的绿色产品即使技术含量再高，顾客不认可，技术创新也难见实效。因而，要树立一种观念：市场设计产品。要贴近市场、贴近消费者设计绿色产品。市场是技术创新的目标和方向，绿色设计必须考虑市场需求。

6.2.2 绿色产品研发

笔者以新能源汽车为例来分析说明绿色产品的研发程序，包括以下步骤。

1. 寻找创意

绿色产品作为对环境友好的新产品，研发的第一个阶段就是寻找创意。创意就是新产品开发的初步设想，其内容包括产品使用目的、功能定位、基本结构和大致生产方法等。创意是新产品开发的第一步，也是至关重要的一步。没有好的创意，就不会有成功的产品。新产品创意的来源很多：顾客、科研人员、竞争对手、中间商、员工、咨询机构等。但无论创意来自哪里，最终研发的产品都是要满足顾客的需求，因而顾客的需求和欲望是寻找新产品创意的最终出发点。大量新产品的创意来源顾客。尽管并非有创意就能开发出成功的产品，但创意越多，找到有效创意的机会就越大，进而开发出成功的产品。

2. 筛选创意

有了足够的创意，下一步就是对这些创意进行评估、筛选、甄别，从中挑选出成功概率较大的创意。筛选创意时，一般主要考虑企业目标和企业实力，选择既与企业发展目标相符，企业又有能力开发的创意作为重点。企业可以用下面表6–4的绿色产品创意评价表来进行分析。

表6–4　绿色产品创意评价表

产品成功的必要条件	权数（A）	企业实力（B）										评分（A×B）
		0.1	0.2	0.3	0.4	0.5	0.6	0.7	0.8	0.9	1.0	
环境友好性	0.10						√					0.06
企业目标	0.15							√				0.105
技术能力	0.2					√						0.10
营销能力	0.15							√				0.105
原料供应	0.05								√			0.04
生产能力	0.10						√					0.06
资金实力	0.10									√		0.09
市场状况	0.15								√			0.12
总计	1.00											0.68

一般来说，最后得分在0.00~0.40为较差创意；在0.41~0.75为可行创意；大于0.76为优秀创意。

3. 形成产品概念

产品创意仅仅是一个构思和设想，企业需要把有吸引力的创意提炼为概念，转化为具体的产品形态。如一家汽车生产厂商针对汽车尾气造成大气污染和油价不断上涨的现状，准备开发清洁能源汽车，这是一个新产品创意。但要形成产品概念，就需要进一步具体化，根据企业目标、技术实力、市场需求等方面，考虑生产纯电动汽车、混合动力汽车以及太阳能汽车等。混合动力汽车又可以分为油气混合和油电混合等。

新产品概念形成后，为检验产品概念是否明确，可以选择几组消费者进行新产品概念测试，如可以让消费者回答以下问题：

①你是否清楚并相信该产品的利益？（如果得分低，就需要进行修

改。）

②你认为该产品能否解决某一问题或满足某一需要？（用来调研需求水平。）

③价格相对于价值是否合理？（用来衡量认知价值和支付意愿。）

④你是否会购买该产品？（用来明确购买意图。）

⑤谁将使用该产品？产品的使用频率如何？（用来确认目标顾客和购买频率。）

4. 可行性研究

在对产品初步设计的基础上，对新产品开发方案进行可行性研究，从产品的定位、目标市场的规模、研发费用、技术工艺、生产设备规模、盈亏平衡分析等进一步决策新产品的取舍。如丰田公司经过研究，把准备开发的绿色能源汽车定位于油电混合动力汽车，而日产公司则把要开发的绿色能源汽车定位于纯电动汽车。

5. 研究试制

这是新产品开发的潜在可能性转化为现实产品的关键一步。通过研究试制将原来用文字图像表示的产品概念转变为技术上和商业上可行的具体产品。这个过程需要企业研发部门、技术部门和营销部门人员的齐心协力，或者从这几个部门抽调人员组成新产品研发小组进行攻关。这个过程可能会遇到很多的技术难题，需要企业投入大量的资金，一步步克服技术难点。就纯电动汽车而言，行驶里程、电机技术、快速充电能力、电池使用寿命、充电设施及其方便性是企业必须解决的关键技术难题。谁先攻克上述技术难题，谁就在市场竞争中处于有利的地位。

6. 试销

工厂实验室研制出来的新产品，必须经过一系列严格的功能测试和消费者测试。通过功能测试，发现新产品设计生产中的瑕疵并不断改进。通过消费者测试，了解消费者对该产品的市场反应：对试用、首次购买、再购买、购买地点、购买频率等因素的态度，了解中间商对该商品的反应、要求等，确定新产品推广的营销策略、品牌名称、包装设计、分销渠道、促销方案等，以减少新产品开发的市场风险。试销过程有时要反复多次。

试销时，要关注新产品的使用率和重购率，这两项指标是判断试销成功与否的标准，也是新产品上市的依据，如图6–6所示。

试用率 \ 重购率	高	低
高	加快研发抓紧上市	改进新产品
低	加强促销开发市场	放弃

图6–6 新产品试销矩阵图

7. 正式上市

新产品试销成功后，就可以组织正式投产和上市。无论什么样的新产品都要推向市场，通过销售给消费者以获取利润。新产品上市是产品获得成功的最重要一步，需要做大量的工作：购买原材料和设备，组织生产，进行人员培训，促销方案实施等。正式上市不仅需要大量资金，企业还应注意选择新产品进入市场的时机、新产品推出的地域和新产品营销策略。

6.3 清洁生产

1. 清洁生产的含义

绿色营销对生产的要求是在产品生产的全过程中不破坏、不污染环境，或者对环境的影响达到最小化。符合绿色营销要求的生产模式就是清洁生产。

1989年，联合国环境规划署与环境规划中心（UNEPIE/PAC）将清洁生产（Cleaner Production）定义为：将综合预防的环境保护策略持续应用于生产过程和产品中，以期减少对人类和环境的风险。对生产过程而言，清洁生产包括要求节约原材料与能源，淘汰有毒原材料，并在全部排放物和废弃物离开生产过程之前减少废弃物的数量与毒性；对产品而言，清洁生产要求减少从原料的选择、产品制造、使用到产品的最终处置的全生命周期对人类和环境的不利影响；对服务而言，清洁生产要求将预防性的环境保护策略纳入服务设计和提供的服务活动中。

2002年公布的《中国清洁生产促进法》指出：清洁生产是指不断采取改进设计、使用清洁的能源和原料、采用先进的工艺技术与设备、改善管理、综合利用等措施，从源头削减污染，提高资源利用效率，减少或者避免生产、服务和产品使用过程中污染物的产生和排放，以减轻或者消除对人类健康和环境的危害。

2. 海尔集团的清洁生产和节能管理程序

海尔集团十分重视清洁生产，集团内部质保公司体系推进中心负责集团清洁生产的推进工作，负责与外部单位联系。能源公司下设能源动力委员会，负责节能法规、制度等的传达，节能工作的部署与检查。其具体的措施如下。

（1）节水：集团各企业应根据青岛市经委核准的用水计划，合理用水，不得超耗。超计划用水的企业，应分析原因，提出解决方案并实施。海尔能源动力公司将在月度工作会议中给予通报。海尔园和开发区工业园公用管网未经能源公司同意，严禁私设用水设施等。集团公司各企业内严禁私自洗衣服，严禁常流水现象。保护用水设施，防止损坏。

（2）节电：海尔工业园及开发区工业园公用设施区域内禁止私自拉电线，禁止私接用电设备。海尔工业园及开发区工业园内施工用电，须到能源动力公司进行审批。严禁长明灯，禁止设备空运转，降低电能消耗。

（3）气、汽综合管理：各企业的设备操作工，班前、班后应认真检查设备的密封情况，若有泄漏应立即处理。海尔园及开发区工业园内公共区域的气、汽阀门等不准私自拆装，损坏气、汽阀门的应由各部门立即维修并负责赔偿生产及阀门上的经济损失。不准私自开关属于能源动力公用设施的气、汽阀门或水旁通阀。严禁用压缩空气清扫衣物、打扫卫生等。冬季采暖期内，各企业应加强车间保温，禁止开窗浪费热能。

（4）节能技术：为降低能源消耗，集团各企业应逐步实现电动机、风机、泵类设备和系统的经济运行。对电动机应安装无功就地补偿装置，各企业的锅炉应积极采用分层燃烧装置，以提高能源利用率。

（5）能源定额管理：集团各企业应按行业规定和标准，每年十二月底前，制定各企业的产品用能定额，产品用能定额应每年修订一次。产品用能定额要低于同行业平均水平，不高于上一年度能耗水平。

（6）节能新产品推广应用：大力推广绿色照明工程。各事业部大功率节能灯由能源公司统一提供。加强淘汰设备管理，应按规定的期限淘汰、改造机电设备。

（7）节能培训工作：根据节能法的有关规定，集团各企业应每年开展一次节能培训工作，学习有关的节能法规及节能技术。

（8）监督、检查：质保公司、能源公司负责对集团清洁生产、节能工作进行全面的检查及纠偏等工作。能源公司通过每月的能源例会对节能工作的情况进行纠偏、考评等。各部门负责对质保公司、能源公司提出问题进行落实解决。（资料来源：海尔集团内部资料）

6.4　绿色包装与回收

1. 绿色包装的含义

包装具有保护商品和促进销售的功能，保护商品主要指外包装或运输包装，便于商品储存和运输；促进销售主要指内包装或销售包装，好的包装可以发挥“无声推销员”的作用，刺激消费者的购买欲望。但包装的大量生产使用，一方面要消耗大量资源，另一方面会对环境造成污染。因此绿色包装应运而生。绿色包装（Green Package）是指对自然环境和人体健康无害，能够循环使用、再生利用或可降解，符合可持续发展的适度包装。

近几年来，中国包装工业发展迅速，2016年，中国包装工业总产值达到了1.9万亿元。但与此同时，我国每年垃圾总量为60多亿吨，废弃包装物占城市垃圾的50%以上。如何使商品包装转化为绿色包装，实现减量化、再利用、资源化是企业实行绿色营销必须要解决的现实问题。Sonoco Products Co.公司董事长兼首席执行官Harris DeLoach说：“我想我们可以确定的是，可持续性不只是当今的热门话题，更是一个长期存在的问题。实际上，无论在世界哪个国家，从事何种行业，都要面对可持续性的挑战。而就其本质来说，包装行业将处于这一问题的风口浪尖。所有包装企业都应对其客户、所处行业和整个社会负责，应当身先士卒，为建立一个可持续发展的社会而努力。”

2. 绿色包装策略

王澜、杨梅认为绿色包装策略以循环经济的“3R”原则即减量化、再利用和资源化为指导。紫江认为，绿色包装应符合“4R1D”原则（Reduce、Reuse、Recycle、Recover、Degradable）。笔者认为，绿色包装策略包括以下六个方面（4R2D，Remove、Reduce、Reuse、Recycle、Degradable、Developing）。

（1）Remove，即去掉不需要的包装。在设计商品包装时，首先要考虑需不需要包装，可不可以不用包装而达到商品运输储存的目的。星巴克推出了“环保折扣”计划，在中国任何一家门店，只要顾客自带杯子去星巴克喝咖啡，就可享受2元的抵扣。将每天自带杯子消费的顾客数，除以当天卖出的全部咖啡杯数，则被称为“星巴克指数”。据统计，上海“星巴克”每天卖出大约15000杯咖啡，但“星巴克指数”仅为5%，而伦敦和纽约的“星巴克指数”平均为50%。

（2）Reduce，即包装减量化，使包装达到正确的尺寸。这是绿色包装设计最容易实现和见效的原则。在满足商品销售、保护商品质量的前提下，通过减少容器厚度、薄膜化、削减层数、变更包装材料等方法使包装用量最少。按照国际惯例，包装成本不应超过产品出厂价的15%，否则就属于过度包装。但是我国有些商品如月饼、茶叶等包装，包装成本有的高得离谱，甚至出现了所谓的“天价月饼”，很明显就属于过度包装。笔者在一个著名的茶叶产地购买茶叶，用塑料袋真空包装的茶叶，盛放在衬着锡纸的印有精美图案的两个陶瓷罐里，陶瓷罐盛放在铺着闪亮金色缎子的雕花方形木盒里，美轮美奂，盒内垫着一层塑料泡沫，盛放木盒的是精致的手提袋。茶叶重量只有400克，但加上包装却超过1000克，按茶叶300元/斤计算，茶叶价值是240元，但包装的价值却达到了200元，是货物价值的83%，其实在此完全可以减少一些不必要的包装。

2010年4月1日，《限制商品过度包装要求——食品和化妆品》国家标准正式实施，要求商品包装空隙率不得大于55%，商品包装层数不得多于3层，商品包装成本不得超过商品销售价格的15%。日本索尼公司对大型号的电视机的泡沫塑料（EPS）缓冲包装材料进行改进，采用八块小的EPS材料分割式包装来缓冲防震，减少了40%EPS的使用。宝洁公司自2007年秋季起，更换其在北美的全部液体洗涤剂组合，换成双强度洗涤剂包，大小是常规尺寸的一半，减少了44%的用水和22%的包装。宝洁公司可持续发展部的总监怀特（Peter White）说："产品要求减少运输，减少包装，减少生产用水，更方便消费者——这是双赢。"

（3）Reuse，即重复使用、重复利用一些包装材料。如啤酒、饮料、酱油、醋等包装采用玻璃瓶，回收后可以反复使用。沃尔玛过去的托盘是木质的，现在已经开始改用塑料托盘，以便重复使用。瑞典等国家实行聚酯 PET饮料瓶和PC奶瓶的重复再用达20次以上。日本东洋制罐株式会社研发生产了一种超轻玻璃瓶，容量为187毫升的牛奶瓶的厚度只有1.63毫米，89克重，可反复使用40次以上。而普通牛奶瓶厚度为2.26毫米，重130克。

（4）Recycle，即回收废弃包装材料再生利用。通过回收废弃包装物，生产再生制品，如纸制品包装可以回收利用，其废弃物在大自然环境中也可以自然降解，因而纸制品作为可回收再生包装容器在世界的应用越来越广泛，纸盒、纸箱、纸袋、纸杯、纸筒可用于盛放各种果汁、牛奶等饮料和熟食、快餐、点心等食品。采用纸材料生产或包装商品，废弃包装纸回收后，可再利用转化为纸浆，再次进入生产包装材料的循环，生产再生纸或纸箱。麦当劳为了保护环境，就把原来不能回收利用的外卖塑料袋包装改为纸袋包装，尽管纸袋的价格更高一些。

（5）Degradable，即采用可降解材料包装。可降解性材料使用废弃后，在自然环境中通过光合作用或微生物作用逐渐分解和还原，最终以无毒无害的形式重新进入生态环境中。因而对于不能回收利用的废弃包装物，要采用能分解衰消的包装材料，从而减轻环境负荷、减少环境污染。现在许多"新型可降解塑料"具有废弃后自行分解消失，不污染环境的特性。麦当劳的生菜沙拉改用PLA（聚乳酸）包装材料餐具，可以100%生物降解。美国出现了以淀粉和合成纤维为原料的塑料袋，可在大自然中分解成水和二氧化碳。Pangea Organics和Seeds to Change公司于2007年合作推出了一种全新的化妆品纸盒。顾客把化妆品取出后，纸盒就能被用来种植植物。在这种100%可生物降解的纸盒中，种子在水中浸泡大约1分钟就能发芽。这种包装对于具有环保意识的消费者来说非常有吸引力。

（6）Developing，即开发新型环保包装材料。我国制造业每年需要8000万立方米左右的EPS发泡缓冲包装材料，价值达到500亿元。如果用绿色包装材料替代，既可以减少二氧化碳的排放，又能够产生上百亿元的新兴包装材料市场。上海嘉宝包装公司引进国外先进设备研制成纸浆模型，采用芦苇浆、蔗渣浆、木浆等天然植物纤维原料，可以替代泡沫餐具。

2007年9月沃尔玛总裁李斯阁宣布了针对商品包装的一项改革计划：自2008年开始，到2013年，沃尔玛将与供应商一起努力减少5%的包装用料。沃尔玛预计：此项计划如若实现，将为自身的供应链节省34亿美元，为沃尔玛的全球供应链节约110亿美元。为此，沃尔玛为供应商设计了包装记分卡（见表6-5），自2008年起，沃尔玛的制造商和供应商必须全面达到绿色包装规范标准，否则一律按违约处理。沃尔玛超市卖的菠萝在产地就切头去了冠，对包装运输大有好处。在包装上，有冠菠萝所需纸箱长宽高是60×40×14.5厘米，无冠缩小为50×40×15.5厘米；在装运上，40英尺的集装箱原来可装运1460箱菠萝，现在装运1620箱，无冠菠萝的每箱重量也大于有冠菠萝，综合考虑可节约24%左右的运输费用；减少4%的纸浆使用量；超市和顾客不需要处理冠部产生的垃圾，冠部在产地可用于育苗，实现了资源的循环利用。沃尔玛还把水果包装箱的彩色印刷换成了素色印刷，既减少了对环境的危害，每个包装箱又可以节约0.8元。

表6-5　沃尔玛包装记分卡的项目及权重

项目	权重	得分
材料价值	15%	
产品/包装率	15%	
体积利用率	15%	
温室气体排放	15%	
再生含量	10%	
更新价值	10%	
运输方式	10%	

续表

项目	权重	得分
可再生能源	5%	
产品创新	5%	
合计	100%	

3. 绿色包装回收的方法与策略

据有关专家预测，垃圾处理新技术在未来30年的“十大新兴技术”中位居第二，资源回收和再利用是21世纪最有发展前景的朝阳产业之一。我国包装废弃物分类回收还没有引起足够的重视，表现在很多方面：垃圾没有分类，可以回收和不能回收的各种垃圾混杂在一起，可以回收的废弃物普遍被二次污染，难以对包装废弃物资源化再利用；回收渠道混乱，以自发的民间回收体系为主，没有形成市场化的规范的回收网络；以手工分拣处理为主，缺乏专业的技术、环保、管理资质和手段；包装废弃物回收率低，资源的再生利用技术落后，再生利用率低。20世纪80年代进入我国，年产能已达400亿只的利乐包，纸占75%、塑料占20%、铝箔占5%，其回收生产线可以把废弃利乐包重新分解为纸、塑料和铝箔，实现100%再利用。但我国目前只有10%的回收率，数以亿计的利乐包装被作为垃圾填埋和焚烧，造成极大的浪费。而欧盟、中国台湾的回收率可以达到70%和60%。

当前全球钢铁、纸张、锌、铝的总产量中，从废弃物中提取加工的比例分别为45%、35%、30%、22%。废弃物回收再利用已成为循环经济领域的支柱产业链，废弃资源回收产业一方面可以降低环境污染，减轻环境负荷，保护自然环境；另一方面也可以节约资源能源消耗，增强国家和企业的经济实力及竞争力。如2002年，日本三洋公司的电视机、空调、电冰箱和洗衣机的回收利用率分别达到了81%、80%、62%和61%，其回收利用价值相当可观。为此，应从以下几方面入手加强绿色回收工作。

（1）重视对消费者的教育，提倡垃圾分类，提高回收率

企业要加强和消费者的沟通，通过网站、宣传册、POP、广告、营销活动等传递绿色商品、绿色包装和绿色回收的信息，教育消费者辨别不同的包装材料，进行垃圾分类，对不同的包装材料分门别类放置。消费者形成了垃圾分类的意识和习惯，才有可能对纸张、塑料瓶、罐头盒、电子产

品、电池等废弃物归类分拣处理。企业产品包装上可以通过文字、标志等传达包括产品回收在内的环保信息。如产品包装上可以印上可回收标志，适用于纸、塑料、玻璃等，表示材料可回收；或者印上分类标志，表示回收时应分类处理再利用。

美国提倡循环消费，使无用的消费品在不同的消费者之间梯次消费，充分实现资源再利用。其循环消费包括家庭庭院甩卖、节俭商店交易和电子商务交易等形式。德国从2003年10月起，消费者购买饮料瓶要支付押金，以保证包装瓶的回收，极大地提高了废弃包装的回收利用率。

（2）建立生产者承担回收责任的法规体制

许多国家在法律中明确规定生产者承担废弃物的回收和处置责任。如日本的《家用电器再循环法》规定，生产者负责废旧家电的再生利用；销售者对废旧家电进行回收，并送到生产厂家；消费者承担废旧家电的回收、运输及再生费用，冰箱、空调、电视和洗衣机的再生费用分别为4600、3500、2700和2400日元。德国规定商品生产者和经销者回收包装垃圾，要求容器及包装物要贴绿色标志，绿色标志使用费视包装垃圾再生利用的难易程度而定。欧盟WEEE指令明确规定：自2005年8月13日起，所有销往欧盟成员国的电子电气设备产品加贴回收标志；生产商必须按其产品所占市场份额的比例，承担回收处理废弃产品的责任并支付回收处理的相关费用。我国应通过立法，明确制造商对其设计、制造、销售的产品有义务进行收集、再使用、处置等，从而促进制造商在产品的设计环节就考虑以后的回收利用，以便减少产品全生命周期内的环境影响和后期的回收处理成本。同时对销售者、消费者应承担的责任也以法律的形式明确下来，提高废弃物的再生利用比率。

我国2005年4月1日实施的《固体废物污染环境防治法修订草案》（2015年修正）规定：国务院标准化行政主管部门应当组织制定有关标准，防止过度包装造成环境污染，并且要求生产者对使用过的包装物承担回收利用或者处置的责任。但却没有规定易回收处理、处置或在环境中易消纳的产品包装物的具体标准，再加上包装废弃物回收、存放、处理的相应配套机构与设施很不健全，因而实际上生产者的回收处置责任形同虚设，据悉，我国《包装物回收利用管理办法》正在制定，将有助于明确其包装废弃物所涉及的有关各方特别是生产者的责任，改变我国目前废弃物回收相对滞后的局面。

（3）建立高效的绿色回收利用体系

目前我国废弃物通常是先由拾荒者和小废品收购商进行简单分类，再由废旧物资回收站具体分类，最后由回收工厂进一步分类和处理。在这个过程中涉及的企业和个人几乎都没有专业资质和相对先进的技术手段，以人工操作为主，容易造成二次污染及资源回收利用率低的问题。如废旧家电中包含的溴化阻燃剂、汞、铅、镉、二氧化铍、废机油、氟利昂等很容易形成二次污染。目前亟须建立专业化的绿色回收体系及处理厂家。

绿色回收体系应由销售和社区回收网络、废旧物资集散交易市场和可再生资源加工利用工厂三个层次组成。其中回收网络的建立和有效运行是绿色回收的前提和基础。海尔的废旧家电及电子产品的回收渠道如下图所示。

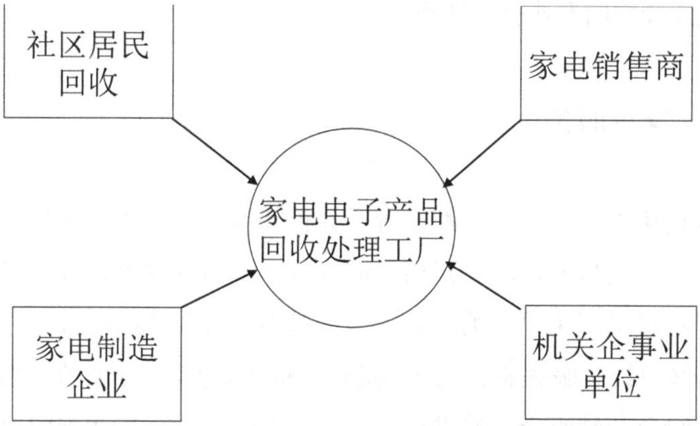

图6–7　海尔废旧家电的回收渠道示意图

我国第一个废弃物再生利用的静脉产业类生态工业园——青岛新天地工业园，位于山东省莱西市姜山镇。以固体废弃物收集运输储存、固体废弃物的处理处置、固体废弃物的资源化、污染土壤的生态修复和最终处置五大板块产业链条为基础，与全球最大的环境服务商威立雅集团达成了战略合作协议，投资近20亿元。其中海尔与新天地共同承担的废旧家电及电子产品回收处理示范项目引起了社会的广泛关注。该示范项目是我国目前面积最大、设备最为先进的具有自主知识产权的家电回收处理项目。2006年3月25日，自行设计的电冰箱、电视机、洗衣机和空调四条拆解生产线正式安装运行，目前设计年处理能力为60万台（套），在减少废旧家电对环境污染的同时，可回收大量的可再生利用的原材料。

在家电电子产品回收处理工厂，一般通过手工拆解与机械分选相结合的方法，实现产品的绿色回收及材料的资源化再利用。首先将废旧家电及电子产品运送到传送带上，进行人工分检、分类，然后由经过专门培训的熟练工人进行简单的拆解及部件分类。对可以使用的标准零部件继续回收使用或降级使用（如用在玩具上）；对玻璃等回收物可以破碎后再生利用；对电子线路板等零部件，可以通过破碎分离提取黄金、钯、铂等贵重金属；对塑料元件则须进行高温焚烧，以分解和破坏其中的溴化阻燃剂；对含汞、铅、镉、六价铬、多溴联苯（PBB）、多溴二苯醚（PBDE）等有毒有害危险废物的部件，必须能够熟练辨别，放进专用的包装箱，交给专门处理危险废物的专业公司处理。

6.5 绿色服务

对绿色服务，不少学者都进行了分析和研究。胡子祥概括了绿色服务观念、设计、耗材、产品、营销和消费六个方面的内涵，针对绿色服务中存在的问题提出了主要对策。有的学者对不同行业的绿色服务进行了分类研究。杨妹对饭店服务业绿色营销进行了SWOT分析；李林峰、阎静对酒店服务业的绿色营销组合策略进行了探索；李丰威指出了我国商业绿色服务业中存在的问题，并提出了解决的措施和方法；张叶栩、刘宝学、米贵琪对零售服务业的绿色品牌建设进行了探讨；厉倩对汽车服务业实行绿色营销提出了自己的见解。笔者认为环保性是绿色服务的本质特征，并重点研究了绿色服务的作用以及企业提高绿色服务质量的途径。

6.5.1 环保性是绿色服务的本质特征

绿色服务要求企业在满足顾客服务需求的过程中，关注所售服务的全生命周期的环境属性。环保性是绿色服务区别于大多数传统服务的最本质特征。不管是绿色实体产品交易的伴生性服务，如电动车、有机食品、太阳能热水器、LED照明灯具的售前售中售后服务，还是以实体产品为辅的“纯粹绿色服务”给人带来某种利益或满足感的有偿出售的活动，如绿色金融、绿色保险、绿色旅游、绿色酒店等，都以生态环境保护作为营销活动的出发点，实施绿色设计，力求使产品或服务在从原料采购、生产制造、消费使用、售后服务的全活动过程中都对环境无害或把影响降到最低，在使顾客满意的同时注意减轻环境负荷。

6.5.2 绿色服务的作用

1. 绿色服务可以促进绿色产品成交，促使顾客重复购买

绿色产品或服务具有创新性，由于人们对不熟悉、不了解的事物的排斥心理，消费者在购买使用时往往有顾虑，担心在绿色产品或服务交易过程中会有风险。因此就需要企业提供良好的售前售中服务，打消顾客的顾虑，促进产品成交。

售前服务是指针对潜在顾客心理，在产品成交之前为顾客提供的各种服务。售前服务包括产品信息沟通、导购服务、产品利益体验、为顾客进行购买分析等，目的在于充分表现绿色产品给顾客带来的价值，激发顾客的购买欲望，使顾客形成购买动机。

售中服务是指从商务洽谈、合同签订、产品运送、货款结算整个销售过程中为顾客提供的服务。售中服务包括接待顾客礼貌热情、商务洽谈真诚坦率、合同签订认真细致、商品发货及时准确等，目的在于使顾客感觉安全可靠，增加顾客对商品的信赖感，促进成交。

售后服务是产品的延伸，是产品的组成部分。“产品销售从成交开始”就是说的售后服务的重要性。售后服务包括送货上门、产品安装调试指导使用、退换与维修、零配件供应、服务质量电话跟踪等，目的在于方便顾客充分发挥商品的使用价值，使顾客感受绿色商品的价值，提高顾客的满意率，从而使顾客能够重复购买。同时要进行废弃物的回收和处理，消除或降低废弃物对环境污染的破坏。

2. 绿色服务可以为企业增加客户，创造利润

日益严重的环境危机引起了人们的极大关注。各国纷纷推行绿色新

政；环保运动日益高涨；企业开始重视应承担的社会责任（CSR），实施绿色营销；消费者也变得越来越“绿”（消费者对环境保护日益重视）。如果企业身体力行地实行绿色营销，不断地向社会提供绿色产品，持续地为顾客提供绿色服务，就会引来绿色消费者的关注和赞赏，进而购买企业的绿色产品，享受企业的绿色服务，为企业带来利润的增加。丹麦布鲁克纳连锁酒店是一家“对气候友好”的生态酒店，采用了许多促进环境保护的绿色技术和手段，包括率先使用电动汽车等。“绿色主题”使酒店更具吸引力，获得了许多新客源。酒店总裁柯尔斯顿说：“一开始，是我们出自本心想做些对环境有益的事情，但能让我们持续做下去的动力也来自于不断增加的新客源。所以，这是个双赢的结果。”

3. 绿色服务可以增加商品价值，帮助企业巩固市场

目前，产品的同质化日益严重，市场竞争也日趋激烈，许多企业通过商品销售所获得的利润越来越少。对于许多绿色产品来说，如果想让具有求廉心理的消费者购买，往往需要降低销售价格，由于其生产成本高于传统产品，造成利润率较低。而通过为消费者提供增值服务，企业可以增加利润，开拓生鲜农产品。对太阳能绿色产品，企业可以通过为客户提供安装、运营和维护太阳能电池板技术，向客户收取高于运营成本的一定费用，为公司增加盈利。

良好的产品能够帮助企业占领市场，获得一定的市场占有率，但企业要想把市场巩固住，则需要依赖优秀的服务。消费者更喜欢向提供优质服务的企业购买商品。服务是商品最重要的组成部分之一，当市场占有率达到一定程度，企业要做的就是巩固市场进而扩大市场，此时企业提供的优质服务就会发生作用，优质服务可以为企业带来良好的声誉和持续不断的客流量，从而为企业带来可持续发展。

4. 绿色服务可以创造差异化的竞争优势

企业通过服务创新，为客户提供绿色服务，可以使企业取得超越竞争者的差异化竞争优势，为企业赢得市场上的主动地位。也就是说，企业通过独特的绿色服务，满足并超越顾客的绿色需求，可以建立与竞争对手有明显区别的核心竞争优势。成立于2006年的英国绿色番茄出租车公司，为

顾客提供的出租车都是丰田普锐斯油电混合动力汽车，每千米二氧化碳的排放量仅为104克，比欧洲著名的微型车Smart的每千米二氧化碳排放量还少9克，而价格和传统出租车一样，受到了很多重视环保的消费者的欢迎。而且绿番茄公司员工饮水时不使用一次性塑料杯；双面使用打印文件的纸张；司机们用最有效率的方法驾驶汽车，致使绿番茄公司成为了一家和别的出租车公司有明显差异的环保型公司。

5. 帮助企业提升管理水平，赢得绿色形象

彼得斯和奥斯汀认为，企业与用户存在的问题可以归结为四类：①对顾客进行诽谤；②看不起经销代理人、外勤人员、接待员、商店工作人员等，即所有真正负责向顾客、用户提供服务的人员；③把诸如接听电话的礼貌一类的事情一笔勾销，认为这些是“显而易见的”，并不需要认真考虑或进行严格培训；④“技术至上”——认为技术上的优势才是真正了不起的东西。所有这些问题以及其他问题都可以归结为企业对用户的掩饰不住的轻蔑。这是在制造公司乃至医院、学校、银行、零售商中实现持久最佳管理的最大障碍。

尽管服务是一种无形产品，但服务对企业来说却不是可有可无的，优质的服务可以帮助企业消除与用户的距离，赢得客户的忠诚。对服务的重视和创新可以帮助企业建立完善的服务体系，提升企业的管理水平。而对绿色服务来说，企业重视生态环境的实际行为可以为企业赢得绿色形象，受到绿色消费者的推崇。美国一家户外设备公司实行绿色营销：把其年销售额的1%捐给环保团体，制造产品时使用循环再造的苏打瓶，用100%的有机棉制造成衣，回收客户的破旧内衣来循环制作新的服装，发布公司年度“绿色报告”，用再生纸张制作宣传手册，在公司网站上发表“足迹史录”，允许任何人跟踪某一公司产品从设计到交付过程中的影响等。结果公司的营业额逐年增加，实现了可持续发展。

6.5.3　企业提高绿色服务质量的途径

1. 对绿色产品来说，售前服务显得尤为重要

具有创新性的绿色产品，在推向市场之初，很多消费者不了解，存在认知上的障碍，或者担心受到欺骗，或者担心质量不如传统产品稳定耐

用，或者担心其价值有夸大之嫌等。针对消费者的种种顾虑，企业必须提供周到细致的售前服务，使消费者亲身体验绿色产品的安全可信，感到购买绿色产品有保障，风险为零或极小，可以尝试购买。对有机食品来说，消费者存在以下问题：什么是有机食品？如何辨别？如何确认其品质？有机食品对自己有什么好处？应该如何使用有机食品来维护自身的健康？等等。这就需要通过服务终端的售前服务，加强与消费者的沟通与体验，建立消费者对有机食品的充分认知，打消消费者购买的顾虑。

2. 绿色服务和产品一样，也需要创新

服务和产品一样需要不断创新，以引导和满足顾客不断变化的需求，使顾客感受到与众不同的全新体验。企业的生存和发展需要在产品和服务上都做到人无我有，人有我优，才能有持续不断的竞争优势。创新的方法很多，不拘一格。

2008年10月，兴业银行正式公开承诺采纳“赤道原则”，成为中国首家“赤道银行”。2009年1月，兴业银行成立了可持续中心机构。2010年1月，兴业银行发布了首张以低碳为主题的信用卡。兴业银行对节能减排贷款大胆创新，推出了项目企业融资模式、EMC模式、金融租赁模式、CDM项目下信贷模式、节能减排设备商增产信贷模式、节能减排设备供应商买方信贷模式、公共事业服务商信贷模式等多种新型模式，2007年兴业银行荣获英国《金融时报》和国际金融公司联合举办的“可持续银行奖”。作为全国首家赤道银行，形成了包括绿色融资、绿色租赁、绿色信托、绿色基金、绿色投资、绿色理财、绿色消费等在内的丰富多样的绿色金融产品体系。截至2016年12月末，本行绿色金融支持的项目可实现每年节约标准煤2646.80万吨，年减排二氧化碳7408.31万吨，节能减排量相当于关闭170座100兆瓦火力发电站，或740万公顷森林每年所吸收的二氧化碳总量。

3. 重视员工，提升员工的满意度

企业的获利能力主要是由顾客忠诚度决定的；顾客忠诚度是由顾客满意度决定的；顾客满意度是由所获得的价值大小决定的；价值大小最终要靠工作富有效率、对公司忠诚的员工来创造；而员工对公司的忠诚取决于其对公司是否满意；满意与否主要应视企业内部是否给予了高质量的内在服务。因此，企业提高服务质量的关键是为员工提供完善良好的内部服务。唯有如此，企业所制定的服务措施才能够得到真正的落实，从而使那些与顾客接触的员工能更加积极主动，富于创造性地为顾客提供优质的服务。

可口可乐前总裁罗伯托·戈泽塔这样评价沃尔玛的创始人："萨姆比其他任何人都懂得，任何企业的存在都离不开顾客，他一直奉行的信条是，让顾客成为所有工作和努力的中心。另外，在为沃尔玛公司的顾客提供完美服务的过程中，他也会以特殊的方式——在美国企业中几乎是无可匹敌的方式服务于沃尔玛公司的员工、合伙人、社区及其他股东。"

一线员工是企业服务的执行者，其言行举止代表着企业的形象和质量。顾客感受到的企业的服务质量实际就是为其服务的员工的服务态度和水平，也就是说员工的服务水平决定着企业的服务质量的高低。因而优秀的企业不仅重视顾客，而且也会重视自己的员工。因此，企业需要对员工进行培训，未经培训的员工是负债，经过培训合格的员工才是企业的资产。要培养具有责任感、关爱心，能主动积极解决问题，把顾客视为上帝的优秀员工。当一个表现良好的员工为顾客提供优质的服务，或者花时间与顾客建立起朋友般的友谊时，顾客就会对企业及产品有较高的忠诚度。能提供优质服务的员工是企业的宝贵财富，可以为企业的品牌和形象作出贡献，企业要尽可能提供良好的待遇留住优秀的员工，为员工提供有价值的培训，激励表现优秀的员工，定期调研员工的满意状况，及时采取措施加以改进。

4. 通过创造满意赢得顾客忠诚

萨姆·沃尔顿曾经说过，"要做得比顾客期望的更好。如果你这样做了，他们将成为你的回头客。给予他们所需要的，并在此基础上再增加一点什么。让顾客知道你感激他们。妥善处理你的过失，要诚心道歉，不要找借口。我曾在第一家沃尔玛商店标牌上写过以下最重要的词'保证满意'。这标牌一直竖立着，他们造就了所有的这一切变化"。

企业的利润主要来自于老顾客。获取一个新客户的成本是维持一个老顾客的五倍，而《追求卓越》的作者彼得斯认为：零售商店的老顾客在十年内会购买五万美元的商品，为企业带来三倍的回报。据统计，顾客忠诚度增加5%，利润可以增加25%~85%。因而企业竞争在某种意义上就是客户资源的争夺，谁能够抓住市场用户的资源，获得用户对企业的忠诚度，谁就具有核心竞争力。通过提供优质服务创造顾客满意可以赢得用户忠诚的心，留住老顾客。

6.6 绿色产品评价体系的建立——以家电行业为例

随着人们环保意识的不断加强，顾客购买绿色产品的愿望越来越强烈，据专家们估计，未来10年内绿色产品将成为市场的主导产品；然而“绿色”是一个相对抽象的概念，难以用一个具体的数字进行定量描述。一个产品在它的全生命周期内，从原材料的获取、生产制造、销售使用直至废弃回收处理，无时无刻不跟环境密切相关，很难就其某一个环保特性或某一个时期内的废物排放来判断其是否是“绿色”的。因此对绿色产品评价体系与评价方法进行深入地研究，引入量化指标，对于绿色产品的判断及选择评价进而引导绿色消费具有极其重要的意义。

6.6.1 模糊层次分析法介绍

层次分析法是将与总决策有关的元素分解成目标、准则、方案等层次，在此基础上进行定性和定量分析的决策方法。这种方法的特点是：在对复杂的决策问题的本质、影响因素及内在的关系等进行深入分析的基础上，利用较少的定量信息使决策的思维过程数字化，从而为多目标、多准则或无结构特征的复杂决策问题提供简便的决策方法。

层次分析法的思路是通过分析复杂系统所包含的因素及其相互关系，将问题分解为不同的要素，并将这些要素归并为不同的层次，形成递阶层次结构。在每一层次可按照某一规定准则，对该层要素进行逐对比较，并写成矩阵形式，每个矩阵相对重要性数值由专家给出，这一过程即建立判断矩阵。形成判断矩阵后，通过计算判断矩阵的最大特征及其相应的特征向量，得出该层要素对于该准则的权重，进而计算出各层要素对于总体目标的组合权重，最后得出不同设想方案的权值。

本节是在层次分析方法的基础上，结合模糊评价方法的原理，计算出每个指标的隶属度，运用线性加权法进行综合评价，按照通用的满分10分6分及格的原则，来判断是否属于绿色产品。

6.6.2　建立绿色产品评价模型

影响绿色产品的因素有很多，指标的选取应该遵循以下几个原则：一是目的性原则，能够很好地反映目标层的情况；二是系统性原则，指标的选取不能顾此失彼，重视某个环节而忽视其他环节，在内容上力求全面而又言简意赅；三是可比性原则，所有指标必须具有可比性，只能反映个别特性的不能列入；四是易得性原则，最终我们要对绿色产品进行综合评价，选择的指标必须能够量化。在以上原则的基础上，我们针对家电行业建立图6–8的层次分析模型。

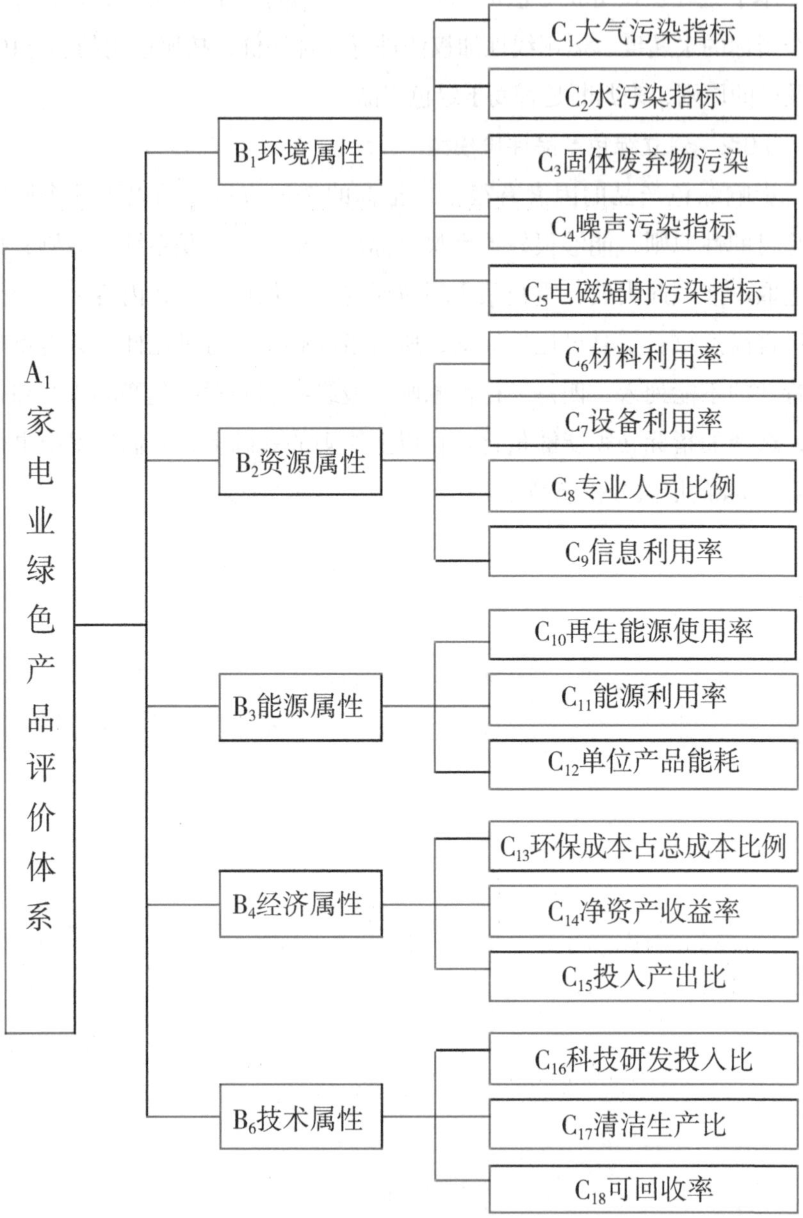

图6-8　家电行业绿色产品评价层次分析模型

层次分析模型中的评价指标内容，见说明表6-6家电行业绿色产品评价层次分析模型评价指标说明。

表6–6　家电行业绿色产品评价层次分析模型评价指标说明

编号	指标	指标说明
C_1	大气污染指标	固化时有机废气的排放
C_2	水污染指标	源于磷化处理时磷化液的排放，富含磷
C_3	固体废弃物污染	生产过程或消费过程中产生的不能降解的一些废弃物
C_4	噪声污染指标	生产噪音：源于组装过程中金属件的安装，以及装配过程中的打孔、钻孔等过程。使用噪音：源于使用过程中压缩机的启动和运行。冰箱工作时管路的振动以及制冷剂在管路中的冲击和喷射声。另外在回收阶段，由于破碎和分选工艺会产生比较严重的噪声
C_5	电磁辐射污染指标	电脑、电视、冰箱、微波炉等辐射污染
C_6	材料利用率	材料的最大使用限度
C_7	设备利用率	设备的最大使用限度
C_8	专业人员比例	专业的技术人员占总人员的比例
C_9	信息利用率	可用信息占总信息的比例
C_{10}	再生能源使用率	使用再生能源占总能源的比例
C_{11}	能源利用率	能源的最大利用程度
C_{12}	单位产品能耗	单位产品所耗费的能源的价值
C_{13}	环保成本占总成本比例	为了环保而采用清洁生产，清洁销售，清洁消费所付出的成本占总成本的比例
C_{14}	净资产收益率	ROE=税后利润/净资产
C_{15}	投入产出比	投入和产出的比例关系
C_{16}	科技研发投入比	科技研发在总投入中的比例
C_{17}	清洁生产比	采取清洁生产占总的生产的比例
C_{18}	可回收率	产品可回收的比例

6.6.3　构造判断矩阵

根据图6–8所表示的绿色产品评价模型，建立起该模型的两两判断矩阵。准则层和方案层各自的判断矩阵如下表6–7准则层判断矩阵，表6–8环境属性B_1指标判断矩阵，表6–9资源属性B_2指标判断矩阵，表6–10能源属性B_3指标判断矩阵，表6–11经济属性B_4判断矩阵，表6–12技术属性B_5指标判断矩阵。

表6-7　准则层判断矩阵

A_1绿色产品评价	B_1 环境属性	B_2 资源属性	B_3 能源属性	B_4 经济属性	B_5 技术属性
B_1环境属性	1	3	2	4	2
B_2资源属性	1/3	1	1/2	3	2
B_3能源属性	1/2	2	1	5	3
B_4经济属性	1/4	1/3	1/5	1	1/4
B_5技术属性	1/2	1/2	1/3	4	1

表6-8　环境属性B_1指标判断矩阵

B_1环境属性	C_1大气污染	C_2水污染	C_3固体废弃物污染	C_4噪声污染	C_5电磁辐射污染
C_1大气污染	1	3	5	6	3
C_2水污染	1/3	1	5	7	3
C_3固体废弃物污染	1/5	1/5	1	2	1/5
C_4噪声污染	1/6	1/7	1/2	1	1/3
C_5电磁辐射污染	1/3	1/3	5	3	1

表6-9　资源属性B_2指标判断矩阵

B_2资源属性	C_6材料利用率	C_7设备利用率	C_8专业人员比例	C_9信息利用率
C_6材料利用率	1	5	1/3	1/2
C_7设备利用率	1/5	1	1/5	1/3
C_8专业人员比例	3	5	1	2
C_9信息利用率	2	3	1/2	2

表6-10　能源属性B_3指标判断矩阵

B_3能源属性	C_{10}再生能源使用率	C_{11}能源利用率	C_{12}使用能耗
C_{10}再生能源使用率	1	4	3
C_{11}能源利用率	1/4	1	2
C_{12}使用能耗	1/3	1/2	1

表6-11　经济属性B_4指标判断矩阵

B_4经济属性	C_{13}环保成本	C_{14}单位产品能耗	C_{15}投入产出比
C_{13}环保成本	1	3	5
C_{14}单位产品能耗	1/3	1	3
C_{15}投入产出比	1/5	1/3	1

表6-12 技术属性B_5指标判断矩阵

B_5技术属性	C_{16}科技研发投入比	C_{17}清洁生产比	C_{18}可回收率
C_{16}科技研发投入比	1	3	3
C_{17}清洁生产比	1/3	1	2
C_{18}可回收率	1/3	1/2	1

6.6.4 计算指标权重

将上述6个判断矩阵分别利用层次分析法进行计算，得出各层相对于上一层的最大特征值，特征向量，并检验一致性，最终再得到层次总排序。

1．准则层指标权重计算

表6-13 家电行业绿色产品评价体系准则层权重计算表

	特征向量W^T	最大特征值λmax	一致性检验	
B_1环境属性	0.360	5.257	CR	是否通过检验
B_2资源属性	0.166		0.057	是
B_3能源属性	0.285			
B_4经济属性	0.055			
B_5技术属性	0.133			

由表6-13中的数据可看出，权重向量W^T=（0.360，0.166，0.285，0.055，0.133）^{T}。这说明了环境属性B_1，资源属性B_2，能源属性B_3，经济属性B_4，技术属性B_5在总目标A中所占的权重分别为0.360、0.166、0.285、0.055和0.133。由此可以分析出在准则层上，对家电行业绿色产品评价体系中起决定作用的是环境因素，其权重占到了0.360，其次是能源因素，占到了0.285。

2．方案层指标计算

表6-14 环境属性指标权重计算表

B_1环境属性	特征向量W^T	最大特征值λmax	一致性检验	
C_1大气污染	0.439	5.348	CR	是否通过检验
C_2水污染	0.292		0.078	是
C_3固体废弃物污染	0.063			
C_4噪声污染	0.047			
C_5电磁辐射污染	0.159			

由表6-14中的数据可看出，权重向量W^T=（0.439，0.292，0.063，0.047，0.159）^{T}。这说明了大气污染C_1，水污染C_2，固体废弃物污染C_3，噪声污染C_4，电磁辐射污染C_5在环境属性B_1中所占的权重分别为0.439、0.292、0.063、0.047和0.159。由此可以分析出在方案层上，对环境属性影响最大的是大气污染，其权重占到了0.439，其次是水污染，占到了0.292。因为大气和水环境与人们的生活密切相关，一旦遭到破坏，短期内很难恢复，近年来，臭氧层被破坏严重，二氧化碳排放量剧增，全球气候变暖，海平面上升，极端的气候和地质灾害频发，另外水污染严重，水生生物种类、数量减少，这些都将直接威胁人类的生存。这两个因素成为衡量绿色产品十分重要的一部分。企业应引起重视，从这两方面着手，实现产品的清洁生产。

表6-15　资源属性指标权重计算表

B_2资源属性	特征向量W^T	最大特征值λmax	一致性检验	
C_6材料利用率	0.193	4.176	CR	是否通过检验
C_7设备利用率	0.069		0.066	是
C_8专业人员比例	0.473			
C_9信息利用率	0.266			

由表6-15中的数据可以看出，权重向量W^T=（0.193，0.069，0.473，0.266）^{T}。这说明C_6材料利用率，C_7设备利用率，C_8专业人员比例，C_9信息利用率，在资源属性B_2中所占的权重分别为0.193，0.069，0.473和0.266。由此可以分析出在方案层上，对资源属性影响最大的是专业人员的比例，其权重占到了0.473，其次是信息利用率，占到了0.266。由此可见，随着科技的发展，企业应该注重专业人才的培养、信息的筛选和利用，在此基础上，才能提高材料利用率和设备利用率。

表6-16　能源属性指标权重计算表

B_3能源属性	特征向量W^T	最大特征值λmax	一致性检验	
C_{10}再生能源使用率	0.630	3.108	CR	是否通过检验
C_{11}能源利用率	0.218		0.093	是
C_{12}使用能耗	0.151			

由表6-16中的数据可看出，权重向量W^T=（0.630，0.218，0.151）^{T}。这说明C_{10}再生能源使用率，C_{11}能源利用率，C_{12}使用能耗，在能源属性B_3中所占的权重分别为0.630，0.218和0.151。由此可以分析出在方案层上，对能源属性影响最大的是再生能源使用率，其权重占到了0.630。近年来，我国能源开采过度，提高再生能源利用率将有助于提高绿色产品的绿色度。

表6-17 经济属性指标权重计算表

B_4经济属性	特征向量W^T	最大特征值 λmax	一致性检验	
C_{13}环保成本	0.637	3.039	CR	是否通过检验
C_{14}单位产品能耗	0.258		0.033	是
C_{15}投入产出比	0.105			

由表6-17中的数据可看出，权重向量W^T=（0.637，0.258，0.105）^{T}。这说明C_{13}环保成本，C_{14}单位产品能耗，C_{15}投入产出比，在经济属性B_4中所占的权重分别为0.637，0.258和0.105。由此可以分析出在方案层上，对经济属性影响最大的是环保成本，其权重占到了0.637。绿色产品固然有诸多优点，但是企业的发展也要兼顾成本，尽量以最低的成本来进行绿色生产。

表6-18 技术属性指标权重计算表

B_5技术属性	特征向量W^T	最大特征值 λmax	一致性检验	
C_{16}科技研发投入比	0.594	3.054	CR	是否通过检验
C_{17}清洁生产比	0.249		0.033	是
C_{18}可回收率	0.157			

由表6-18中的数据可看出，权重向量W^T=（0.594，0.249，0.157）^{T}。这说明C_{16}科技研发投入比，C_{17}清洁生产比，C_{18}可回收率，在技术属性B_5中所占的权重分别为0.594，0.249和0.157。由此可以分析出在方案层上，对技术属性影响最大的是科技研发投入比，其权重占到了0.594，科技创新在绿色产品的研发制造中起的作用最大。

表6-19　总层次综合权重计算表

	一级指标	权重	二级指标	权重	各指标权重
家电行业绿色产品评价	B_1环境属性	0.360	C_1大气污染	0.439	0.158
			C_2水污染	0.292	0.105
			C_3固体废弃物污染	0.063	0.023
			C_4噪声污染	0.047	0.017
			C_5电磁辐射污染	0.159	0.057
	B_2资源属性	0.166	C_6材料利用率	0.193	0.032
			C_7设备利用率	0.069	0.011
			C_8专业人员比例	0.473	0.078
			C_9信息利用率	0.266	0.044
	B_3能源属性	0.285	C_{10}再生能源使用率	0.630	0.180
			C_{11}能源利用率	0.218	0.062
			C_{12}使用能耗	0.151	0.043
	B_4经济属性	0.055	C_{13}环保成本	0.637	0.035
			C_{14}单位产品能耗	0.258	0.014
			C_{15}投入产出比	0.105	0.006
	B_5技术属性	0.133	C_{16}科技研发投入比	0.594	0.079
			C_{17}清洁生产比	0.249	0.033
			C_{18}可回收率	0.157	0.021

3. 总层次综合权重计算

表6-19是通过层次分析法计算出的总层次排序，其中CR值为0.072，小于0.1，因此通过一致性检验。

6.6.5　计算最底层指标的隶属度

由于以上指标的量纲不同，比如大气污染程度用mg/m^3来衡量，而回收率用百分比来衡量，即使计量单位相同，指标数值的数量级也可能有差别，相对数形式的差异，反映着指标实际数量级别上的差异，虽然都是没有计量单位的相对数，也存在着量纲的影响。因此需要将所有的指标都无量纲化，转化成一个介于0~1之间的数，无量纲化解决了指标间的可综合性问题。

1. 建立隶属函数

隶属度是一个相对数，它表明从该评判指标着眼，认识被评价对象的相对地位，它也描述了该指标对该评价对象总相对地位的贡献程度。确定隶属函数的原则是是否符合客观规律。而要将客观规律反映到函数式中来，又必须经过人们的综合分析、整理和加工改造。虽然隶属函数的建立带有人们的主观因素，但也不是可以凭主观臆造的，而是以客观实际为基础的。因此，隶属函数是在客观规律的基础上，经过人们的综合分析、加工改造而成的，是客观事物本质属性通过人脑加工后的表现形式。

隶属函数就是要建立一个从论域到[0，1]上的映射，用来反映某对象具有某个模糊性质或属于某个模糊概念的程度。目前建立隶属函数的方法最常用的是指派法，就是根据问题的性质套用现成的某些形式的模糊分布，然后根据测量确定分布中所含的参数。这个方法给出的隶属函数是近似的，在实践中可以通过学习加以修改，使之逐步完善。

以资源属性中的材料利用率为例，材料利用率越高，产品生产中产生的废弃物越少，该产品资源属性就越理想，由此可以初步确定该指标的隶属函数分布为升半梯形分布。而对于像环境属性中的大气污染指标，如果其以mg/m^3来衡量的话，数值越大，其绿色性越差，因此该指标的隶属函数成降半梯形分布。

2. 计算隶属度

将评价指标的实际测量值代入隶属函数中，计算出各评价指标的隶属度。

表6-20　隶属度计算表

实际值	隶属域	隶属函数分布	隶属度
x	$[a，b]$	升半梯形分布	$(x-a)/(b-a)$
x	$[a，b]$	降半梯形分布	$(b-x)/(b-a)$

6.6.6　综合评价

求出每个最底层的评价指标的隶属度，即可运用线性加权和法进行综合评价。此方法有以下几个特点：一是各评价指标间可以线性地补偿，某些指标评价分数的下降，可以由另一些指标评价分数的上升来补偿。二是由于加法合成中各指标可以线性地补偿，自然各指标在综合评价中所起作用有大有小，从而表现为指标权数的变化。三是线性加权和法对计算数据没有什么特定的要求，而且计算比较简便。根据线性加权和法得出的公式为：

$$T=\sum_{i=1}^{n}W_i\mu_A(x_i)$$

根据目前通用的满分10分，6分及格的原则，若T≥0.6，则该产品为绿色产品。

6.6.7 产品绿色度计算实例

以某品牌洗衣机为例，运用以上绿色产品评价体系模型进行绿色度的计算，由于各产品的属性指标不同，而且在实际过程中，有些数据很难获得，并且目前研究实践中几乎没有人运用该模型，因此该部分主要是举例说明该评价指标模型实践应用的可行性。这里采用简单的直线型隶属函数，分别设指标C_1的隶属函数为μ_A（x_1），以此类推。

C_1大气污染指标，在洗衣机的生产过程中，产生的大气污染物主要是原材料生产过程中产生的烃类、苯系物等气态有机污染物，这一部分污染物由于强度不大，在一般大气扩散条件下可以满足环境质量标准的要求，但仍会对环境产生一定影响，必须引起重视。目前行业一致认为该烃类、苯系物等气态污染物的一级排放标准为$0.05mg/m^3$，二级排放标准为$0.15mg/m^3$，三级排放标准为$0.25mg/m^3$，二级排放标准即为保护人民健康生活和城市生态应该达到的标准。因此对大气污染程度的隶属函数呈降半梯形分布，上下限值分别为0.15和0.25。实际测得$x_1=0.098\ mg/m^3$，根据隶属函数

$$\mu_A(x_1)=\begin{cases}1,x_1<0.15\\ \dfrac{0.25-x_1}{0.25-0.15},0.15\le x_1\le 0.25\\ 0,x_1>0.25\end{cases}$$

可知，μ_A（x_1）=1。

C_2水污染指标，主要是由磷化过程产生的含磷废水导致，磷是造成土壤污染的最大元凶，根据GB8978《污水综合排放标准》的规定，污水中磷

元素的一级排放标准为0.1mg/L，二级排放标准为0.3mg/L，三级排放标准为0.3mg/L，磷元素的含量越低越好，因此该指标的隶属函数也属于降半梯形分布，x_2=0.08mg/L，根据隶属函数

$$\mu_A(x_2)=\begin{cases}1, x_2<0.1\\ \dfrac{0.3-x_2}{0.3-0.1}, 0.1\le x_2\le 0.3\\ 0, x_2>0.3\end{cases}$$

可知μ_A（x_2）=1。

C_3固体废弃物污染，它是生产过程中产生的废物。工业固体废物是产生量最大的固体废物。其中，对环境影响较大的是有害固体废物，或称危险废物、有毒废物。通常鉴别一种废物是否有害，可用下列四点不良后果来衡量：（1）引起或严重导致死亡率增加；（2）引起各种疾病的增加；（3）降低对疾病的抵抗力；（4）在处理、储存、运送、处置或其他管理不当时，对人体健康或环境造成现实的或潜在的危害。有害固体废物特性包括易燃性、腐蚀性、反应性、放射性、浸出毒性、急性毒性（包括口服毒性、吸入毒性和皮肤吸收毒性），以及其他毒性（包括生物蓄积性刺激或过敏性、遗传变异性、水生生物毒性和传染性等）。固体废弃物污染不像大气污染和水污染，有一定的排放标准，对于以上所列的有害固体废弃物是禁止排放的，一旦排放，那么隶属函数值即为0。而对于不含有害物质的废弃物也必须进行处理，不得任意排放，专家认为，这些废弃物的处理率达到90%以上可以看作该产品固体废弃物排放控制得很好，而处理率低于60%则认为该产品造成了固体废弃物污染。因此该洗衣机的固体废弃物污染指标的隶属函数为：

$$\mu_A(x_3)=\begin{cases}0, x_3<0.6\\ \dfrac{x_3-0.6}{0.9-0.6}, 0.6\le x_3\le 0.9\\ 1, x_3>0.9\end{cases}$$

x_3=85%，因此，μ_A（x_3）=0.833。

C_4噪声污染指标，噪声级为30~40分贝是比较安静的正常环境；超过50分贝就会影响睡眠和休息，正常生理功能会受到一定的影响；70分贝以上

干扰谈话，造成心烦意乱，精神不集中，影响工作效率，甚至发生事故；长期工作或生活在90分贝以上的噪声环境中，会严重影响听力和导致其他疾病的发生。不管是生产环节的噪声污染还是消费过程的噪声污染都不得高于70分贝，生产过程和消费过程的噪声污染权重各占1/2，生产过程中的噪声污染指标隶属函数为μ_A（x_4），消费过程中噪声污染的隶属函数为：

$$\mu_A(x_{41})=\begin{cases}1, x_{41}<40\\ \dfrac{70-x_{41}}{70-40}, 40\le x_{41}\le 70\\ 0, x_{41}>70\end{cases}$$

μ_A（x_{42}）亦如此。实际测得x_{41}=55分贝，x_{42}=35分贝，因此算得μ_A（x_4）=0.75。

C_5电磁辐射污染指标，该洗衣机的电磁辐射极小对人体不构成伤害，可以忽略不计，因此μ_A（x_5）=1。

C_6材料利用率，材料利用率越高，产品生产中产生的废弃物越少，该产品资源属性就越理想。由此可以初步确定该指标的隶属函数分布为升半梯形分布，目前的生产实际统计和分析认为：产品的材料利用率达到90%时，该指标的绿色性能就非常好，可以将隶属度设为1，当产品的材料利用率小于30%时，该指标的绿色性能就很差，可以将隶属度视为0。由此可得隶属函数为：

$$\mu_A(x_6)=\begin{cases}0, x_6<0.3\\ \dfrac{x-0.3}{0.9-0.3}, 0.3\le x_6\le 0.9\\ 1, x_6>0.9\end{cases}$$

x_6=82%，所以μ_A（x_6）=0.867。

以下几个指标C_7设备利用率、C_8专业人员比例、C_9信息利用率、C_{10}再生能源使用率、C_{11}能源利用率、C_{13}环保成本占总成本比例、C_{14}净资产收益率、C_{15}投入产出比、C_{16}科技研发投入比、C_{17}清洁生产比、C_{18}可回收率，它们的隶属函数都与C_6材料利用率相似，在此就不一一解释，直接给出函数表达式和结果。

C_7设备利用率的隶属函数表达式为：

$$\mu_A(x_7)=\begin{cases}0,x_7<0.7\\ \frac{x_7-0.7}{0.9-0.7},0.7\le x_7\le 0.9\\ 1,x_7>0.9\end{cases}$$

x_7=78%，μ_A（x_7）=0.4。

C_8专业人员比例的隶属函数表达式为：

$$\mu_A(x_8)=\begin{cases}0,x_8<0.3\\ \frac{x_8-0.3}{0.7-0.3},0.3\le x_8\le 0.7\\ 1,x_8>0.7\end{cases}$$

x_8=50%，μ_A（x_8）=0.5。

C_9信息利用率的隶属函数表达式为：

$$\mu_A(x_9)=\begin{cases}0,x_9<0.3\\ \frac{x_9-0.3}{0.8-0.3},0.3\le x_9\le 0.8\\ 1,x_9>0.8\end{cases}$$

x_9=52%，μ_A（x_9）=0.44。

C_{10}再生能源使用率的隶属函数表达式为：

$$\mu_A(x_{10})=\begin{cases}0,x_{10}<0.3\\ \frac{x_{10}-0.3}{0.8-0.3},0.3\le x_{10}\le 0.8\\ 1,x_{10}>0.8\end{cases}$$

x_{10}=44%，μ_A（x_{10}）=0.28。

C_{11}能源利用率的隶属函数表达式为：

$$\mu_A(x_{11})=\begin{cases}0,x_{11}<0.35\\ \frac{x_{11}-0.35}{0.85-0.35},0.35\le x_{11}\le 0.85\\ 1,x_{11}>0.85\end{cases}$$

x_{11}=66%，μ_A（x_{11}）=0.62。

C_{13}环保成本占总成本比例的隶属函数表达式为：

$$\mu_A(x_{13})=\begin{cases}0,x_{13}<0.1\\ \frac{x_{13}-0.1}{0.4-0.1},0.1\le x_{13}\le 0.4\\ 1,x_{13}>0.4\end{cases}$$

x_{13}=21%，μ_A（x_{13}）=0.37。

C_{14}净资产收益率的隶属函数表达式为：

$$\mu_A(x_{14})=\begin{cases}0, x_{14}\le 0\\ \dfrac{x_{14}}{0.15}, 0\le x_{14}\le 0.15\\ 1, x_{14}>0.8\end{cases}$$

x_{14}=6.3%，μ_A（x_{14}）=0.42。

C_{15}投入产出比的隶属函数表达式为：

$$\mu_A(x_{15})=\begin{cases}0, x_{15}<0.2\\ \dfrac{x_{15}-0.3}{0.6-0.3}, 0.2\le x_{15}\le 0.6\\ 1, x_{15}>0.6\end{cases}$$

x_{15}=47.2%，μ_A（x_{15}）=0.57。

C_{16}科技研发投入比的隶属函数表达式为：

$$\mu_A(x_{16})=\begin{cases}0, x_{16}<0.25\\ \dfrac{x_{16}-0.25}{0.6-0.25}, 0.25\le x_{16}\le 0.6\\ 1, x_{16}>0.6\end{cases}$$

x_{16}=44%，μ_A（x_{16}）=0.54。

C_{17}清洁生产比的隶属函数表达式为：

$$\mu_A(x_{17})=\begin{cases}0, x_{17}<0.1\\ \dfrac{x_{17}-0.1}{0.5-0.1}, 0.1\le x_{17}\le 0.5\\ 1, x_{17}>0.5\end{cases}$$

x_{17}=29%，μ_A（x_{17}）=0.48。

C_{18}可回收率的隶属函数表达式为：

$$\mu_A(x_{18})=\begin{cases}0, x_{18}<0.2\\ \dfrac{x_{18}-0.2}{0.6-0.2}, 0.2\le x_{18}\le 0.6\\ 1, x_{18}>0.6\end{cases}$$

x_{18}=38.5%，μ_A（x_{18}）=0.46。

C_{12}单位产品使用能耗是指生产出的每个成品所消耗的能源，折算成价值即可表示为元/件，针对该洗衣机，专家认为每件洗衣机所消耗的能源价格超过300元，则该产品的绿色性能较差；而低于100元，认为该产品的绿色性能较好。由此可判断其隶属函数表达式为：

$$\mu_A(x_{12})=\begin{cases}1, x_{12}<100\\ \dfrac{300-x_{12}}{300-100}, 100\le x_{12}\le 300\\ 0, x_{12}>300\end{cases}$$

x_{12}=210，μ_A（x_{12}）=0.45。

根据公式 $T=\sum_{i=1}^{n}W_i\mu_A(x_i)$，计算可得T=0.6363，因而可以评价该产品属于绿色产品。

6.7 小结

绿色产品是绿色营销的基础。本章在整本书中着力最多，从产品的全生命周期出发，分析了绿色产品从设计、原材料采购、清洁生产加工制造、包装、服务、消费使用到回收再利用的环境属性。认为随着绿色营销的不断发展，绿色设计的理念从单纯的微观产品设计扩展到企业生产流程的绿色设计以及工业园区的共生合作生态设计，并给予实证说明。认为环保性是绿色服务的本质特征，分析了绿色服务在绿色营销活动中的重要作用，提出从加强售前服务、服务创新、重视员工和创造感动四个方面提升绿色服务的质量。提出了企业可以采取的六种（4R2D）绿色包装策略，指出要建立高效的绿色回收体系。以家电产品为例，采用模糊层次分析法建立了绿色产品的评价模型，并对某品牌的洗衣机进行了绿色度的实际测算。